Hendrik Blumentrath, Anna Echterhölter, Frederike Felcht, Karin Harrasser

Jenseits des Geldes
Aporien der Rationierung

ilinx.kollaborationen 2

Schocktherapie
Warlam Schalamow

Schon zu jenen glücklichen Zeiten, als Mersljakow als Stallknecht arbeitete und in der selbstgemachten Graupenmühle – einer großen Konservenbüchse mit siebartig durchlöchertem Boden – aus dem für die Pferde erhaltenen Hafer Grütze für die Menschen zubereiten, einen Brei kochen und mit diesem bitteren, heißen Fraß den Hunger stillen konnte, schon damals dachte er über eine einfache Frage nach. Die großen Zugpferde vom Festland bekamen täglich eine doppelt so große Portion staatlichen Hafer wie die gedrungenen, zottigen Jakutenpferdchen, obwohl die einen genauso wenig zogen wie die anderen. Dem Percheron-Mischling Grom wurde soviel Hafer in die Krippe geschüttet, wie er für fünf »Jakutenpferdchen« gereicht hätte. Das war richtig, so wurde es überall gemacht, und nicht das quälte Mersljakow. Er verstand nicht, warum die menschliche Lagerverpflegung, dieser geheimnisvolle Katalog von Eiweißen, Fetten, Vitaminen und Kalorien, die zum Verzehr durch die Häftlinge bestimmt waren, das sogenannte Kesselblatt, vollkommen ohne Rücksicht auf das Lebendgewicht der Menschen zusammengestellt wird. Wenn man zu ihnen schon ein Verhältnis hat wie zu Arbeitsvieh, dann müßte man auch in Fragen der Zuteilung konsequenter sein und sich nicht an irgendein arithmetisches Mittel – eine Bürokratenerfindung – halten. Dieses schreckliche Mittel war bestenfalls nur für die Kleingewachsenen günstig, und tatsächlich, die Kleingewachsenen liefen später auf Grund als die anderen. Mersljakow war von seinem Körperbau wie das Percheron-Pferd Grom, und die kläglichen drei Löffel Grütze zum Frühstück verstärkten nur den ziehenden Schmerz im Magen. Und außer der Ration konnte ein Brigadearbeiter ja fast nichts bekommen. Das Allerwertvollste – Öl und Zucker und Fleisch – kam keineswegs in der Menge in den Kessel, die im Kesselblatt verzeichnet war. Auch etwas anderes hatte Mersljakow gesehen. Als erste starben die hochgewachsenen Menschen. Gewöhnung an schwere Arbeit änderte hieran absolut nichts. Der schmächtige Intellektuelle hielt sich immerhin länger als der Gigant aus Kaluga – der geborene Erdarbeiter –, sofern sie gleich ernährt wurden, entsprechend der Brotration. Von der Erhöhung der Ration nach Ausstoßsätzen hatte man auch wenig, denn der Grundkatalog blieb derselbe, auf hochgewachsene Menschen einfach nicht zugeschnitten. Um besser zu essen, mußte man besser arbeiten, und um besser zu arbeiten, mußte man besser essen. Die Esten, Letten, Litauer starben überall als erste. Sie liefen als erste auf Grund, was die Ärzte immer zu Bemerkungen veranlaßte: dieses ganze Baltikum ist schwächer als das russische Volk. Zwar war der heimische Alltag der Letten und Esten dem Lagerleben ferner als das Leben des russischen Bauern, und sie hatten es schwerer. Die Hauptsache jedoch war etwas anderes: sie waren nicht weniger widerstandskräftig, sie waren einfach größer.

Vor etwa anderthalb Jahren war es Mersljakow gelungen, nach dem Skorbut, der den Neuling schnell umwarf, eine Weile als außerplanmäßiger Sanitäter in der örtlichen Krankenstation zu arbeiten. Dort sah er, daß die Dosis einer Arznei nach dem Gewicht bestimmt wird. Erprobt werden die neuen Arzneien an Kaninchen, Mäusen und Meerschweinchen, und die menschliche Dosis wird durch die Umrechnung auf das Körpergewicht gefunden. Die Kinderdosis ist geringer als die Dosis für Erwachsene.

Doch die Lagerration wurde nicht nach dem Gewicht des menschlichen Körpers berechnet. Und eben das war das Problem, dessen falsche Lösung Mersljakow erstaunte und in Aufregung versetzte. Bevor er jedoch endgültig von Kräften kam, ergatterte er durch ein Wunder eine Beschäftigung als Stallknecht – dort, wo man den Pferden Hafer stehlen und damit den eigenen Magen füllen konnte. Mersljakow dachte schon, er könne hier überwintern – den Rest gibt Gott. Doch es kam anders. Der Leiter des Pferdestützpunkts wurde wegen Trunksucht entfernt, und seine Stelle bekam der oberste Stallknecht – einer von denen, die Mersljakow seinerzeit den Umgang mit der Blechgraupenmühle gezeigt hatten. Der oberste Stallknecht hatte selbst nicht wenig Hafer gestohlen und wußte ganz genau, wie man das macht. Um sich der Leitung zu empfehlen, suchte er, der schon keine Hafergrütze mehr brauchte, alle Graupenmühlen zusammen und vernichtete sie eigenhändig. Jetzt wurde der Hafer im natürlichen Zustand geröstet, gekocht und gegessen und der eigene Magen dem Pferdemagen vollständig gleichgemacht. Der neue Chef schrieb einen Rapport an die Leitung. Einige Stallknechte, darunter auch Mersljakow, wurden wegen Haferdiebstahls in den Karzer geschickt und vom Pferdestützgemeinpunkt dorthin versetzt, woher sie gekommen waren – zu den allgemeinen Arbeiten.

Bei den allgemeinen Arbeiten begriff Mersljakow bald, daß der Tod nah war. Er schwankte unter dem Gewicht der Stämme, die er schleppen mußte. Der Vorarbeiter, der eine Abneigung hatte gegen diese faule Stirn (»Stirn« – das bedeutet in der hiesigen Sprache »hochgewachsen«), stellte Mersljakow jedesmal »unter den Fuß« und ließ ihn das Fußstück, das dicke Ende der Stämme tragen. Einmal stürzte Mersljakow, er konnte nicht gleich aus dem Schnee aufstehen und weigerte sich kurzerhand, diesen verdammten Stamm zu schleppen. Es war schon spät, dunkel, auf die Begleitposten wartete die Politschulung, die Arbeiter wollten schnell in die Baracke, zum Essen, der Vorarbeiter würde sich an diesem Abend zur Kartenschlacht verspäten – und schuld an der ganzen Verzögerung war Mersljakow. Und er wurde bestraft. Erst verprügelten ihn die eigenen Kameraden, dann der Vorarbeiter und die Begleitposten. Doch der Holzstamm blieb im Schnee liegen – statt des Stamms trugen sie Mersljakow ins Lager. Er wurde von der Arbeit befreit und lag auf der Pritsche. Das Kreuz tat ihm weh. Der Feldscher rieb Mersljakow den Rücken mit Schmierfett ein – Einreibemittel gab es in der Sanitätsstelle schon lange nicht mehr. Mersljakow lag ständig zusammengekrümmt und klagte hartnäckig über Kreuzschmerzen. Er hatte längst keine Schmerzen mehr, die gebrochene Rippe war sehr schnell zusammengewachsen, und Mersljakow versuchte um den Preis jeder Lüge, die Gesundschreibung hinauszuzögern. Und er wurde auch nicht gesundgeschrieben. Eines Tages zogen sie ihn an, legten ihn auf eine Trage, luden ihn in einen Lastwagen und fuhren ihn gemeinsam mit einem anderen Kranken ins Kreiskrankenhaus. Ein Röntgenkabinett gab es dort nicht. Jetzt mußte er über alles ernsthaft nachdenken, und das tat Mersljakow.

Einige Monate lag er dort, ohne sich auszustrecken, und wurde ins Zentralkrankenhaus verlegt, wo es natürlich ein Röntgenkabinett gab und wo man Mersljakow in die Chirurgie brachte, auf die Station für traumatische Erkrankungen, die die Kranken in ihrer Naivität »dramatische Erkrankungen« nannten, ohne über die Bitterkeit dieses Kalauers nachzudenken.

»Ihn hier«, sagte der Chirurg und zeigte auf die Krankengeschichte Mersljakows, »verlegen wir auch zu Ihnen, Pjotr Iwanowitsch, in der Chirurgie können wir ihm nicht helfen.«
»Aber Sie schreiben doch in der Diagnose: Gelenkversteifung infolge eines Wirbelsäulentraumas. Und was soll ich mit ihm?«, sagte der Neuropathologe.
»Nun, Gelenkversteifung, natürlich. Was kann ich denn sonst schreiben? Bei Schlägen passieren ganz andere Dinge. Ich hatte einen Fall im Bergwerk ›Seryj‹. Der Vorarbeiter prügelte auf einen Arbeiter ein ...«
»Ich habe keine Zeit, Serjoscha, mir Ihre Fälle anzuhören. Ich frage: Warum überweisen Sie ihn?«
»Ich habe ja geschrieben: Untersuchung zwecks Vermerk in der Akte. Sie setzen ihm Ihre Nadeln, wir machen den Aktenvermerk – und auf den Dampfer. Soll er ein freier Mensch sein.«
»Aber Sie haben doch Aufnahmen gemacht? Die Schäden müssen auch ohne Nadeln sichtbar sein.«
»Ich habe welche gemacht. Bitte sehen Sie.« Der Chirurg hielt ein dunkles Filmnegativ vor den Gazevorhang.
»Soll der Teufel etwas erkennen auf so einem Bild. Solange es kein anständiges Licht gibt und keinen anständigen Strom, werden unsere Röntgentechniker immer solche Nebelschleier produzieren.«

»Tatsächlich Nebelschleier«, sagte Pjotr Iwanowitsch. »Gut, meinetwegen.« Und er setzte seinen Namen unter die Krankengeschichte, die Zustimmung zur Verlegung Mersljakows.

In der chirurgischen Abteilung, laut, wirr und mit Erfrierungen, Verrenkungen, Brüchen und Verbrennungen überfüllt – die Gruben des Nordens sind kein Scherz –, in einer Abteilung, wo ein Teil der Kranken direkt auf dem Fußboden der Krankenzimmer und der Korridore lag, wo ein einziger junger, unendlich erschöpfter Chirurg mit vier Feldschern arbeitete: sie alle schliefen drei, vier Stunden am Tag – dort hatte man sich auch mit Mersljakow nicht aufmerksam beschäftigen können. Mersljakow war klar, daß hier in der Neurologie, wohin man ihn überraschend verlegt hatte, die eigentliche Untersuchung beginnt.

Sein ganzer verzweifelter Häftlingswille war seit langem auf eins konzentriert: sich nicht aufzurichten. Und er richtete sich nicht auf. Wie sehr wollte sich der Körper auch nur eine Sekunde lang ausstrecken. Doch Mersljakow erinnerte sich an das Bergwerk, an die atembenehmende Kälte, die gefrorenen, glatten, frostblanken Steine der Goldmine, an den Napf mit Brühe, die er zum Mittagessen in einem Zug austrank, ohne den überflüssigen Löffel zu benutzen, an die Gewehrkolben der Begleitposten und an die Stiefel der Vorarbeiter – und er fand in sich die Kraft, sich nicht aufzurichten. Im übrigen war es jetzt schon leichter als in den ersten Wochen. Er schlief wenig, aus Angst, sich im Schlaf auszustrecken. Er wußte, den diensthabenden Sanitätern war längst befohlen, auf ihn zu achten, um ihn des Betrugs zu überführen.

Und auf die Überführung würde – auch das wußte Mersljakow – der Abtransport ins Strafbergwerk folgen. Wie aber mußte das Strafbergwerk aussehen, wenn schon das gewöhnliche Mersljakow solche schrecklichen Erinnerungen hinterlassen hatte?

Am Tag nach der Verlegung wurde Mersljakow dem Arzt vorgeführt. Der Stationsleiter erkundigte sich kurz nach dem Beginn der Erkrankung und nickte mitfühlend. Er erzählte, gleichsam nebenbei, daß sich auch gesunde Muskeln nach einigen Monaten an die unnatürliche Position gewöhnen und ein Mensch sich selbst zum Invaliden machen könne. Dann ging Pjotr Iwanowitsch an die Untersuchung. Seine Fragen beim Setzen der Nadel, beim Abklopfen mit dem Gummihämmerchen und beim Druck auf bestimmte Stellen beantwortete Mersljakow aufs Geratewohl.

Mehr als die Hälfte seiner Arbeitszeit verwandte Pjotr Iwanowitsch auf die Entlarvung von Simulanten. Er verstand natürlich die Gründe, die die Häftlinge zum Simulieren veranlaßten. Pjotr Iwanowitsch war selbst noch vor kurzem Häftling gewesen, und er wunderte sich weder über den kindlichen Eigensinn der Simulanten noch über die leichtfertige Primitivität ihrer Fälschungen. Pjotr Iwanowitsch, ehemaliger Dozent an einer sibirischen Hochschule, hatte seine wissenschaftliche Karriere selbst im gleichen Schnee gemacht, wo seine Kranken ihr Leben retteten, indem sie ihn täuschten. Man kann nicht sagen, daß ihm die Menschen nicht leid taten. Jedoch war er mehr Arzt als Mensch, er war vor allem Spezialist. Er war stolz darauf, daß ein Jahr bei den allgemeinen Arbeiten ihm den ärztlichen Spezialisten nicht ausgetrieben hatte. Er betrachtete die Aufgabe des Entlarvens von Betrügern keineswegs von irgendeiner hohen, gesamtstaatlichen Warte aus und nicht vom Standpunkt der Moral. Vielmehr sah er in dieser Aufgabe die würdige Anwendung seiner Kenntnisse, seiner psychologischen Kunst, die Fallen aufzustellen, in die die hungrigen, halbverrückten, unglücklichen Menschen zum größeren Ruhm der Wissenschaft tappen mußten. In diesem Kampf zwischen Arzt und Simulant hatte der Arzt alles auf seiner Seite – Tausende raffinierter Arzneien, Hunderte von Lehrbüchern, eine reiche technische Ausstattung, die Hilfe der Begleitposten sowie die gewaltige Erfahrung des Spezialisten, wogegen auf seiten des Kranken nur das Entsetzen vor jener Welt stand, aus der er ins Krankenhaus gekommen war und in die zurückzukehren er sich fürchtete. Eben dieses Entsetzen gab dem Häftling auch die Kraft zu kämpfen. Wenn er wieder einen Betrüger entlarvte, empfand Pjotr Iwanowitsch tiefe Befriedigung: noch einmal bestätigt ihm das Leben, daß er ein guter Arzt ist, daß er seine Qualifikation nicht verloren, vielmehr an ihr gefeilt, sie geschliffen hat, kurz, daß er noch etwas kann…

Dummköpfe sind diese Chirurgen, dachte er, als Mersljakow gegangen war, und steckte sich eine Papirossa an. Die topographische Anatomie kennen sie nicht oder haben sie vergessen, und die Reflexe haben sie nie gekannt. Sie helfen sich allein mit dem Röntgen. Und wenn sie keine Aufnahmen haben, können sie nicht einmal einen einfachen Knochenbruch mit Sicherheit bestimmen. Aber eine Großtuerei! Daß Mersljakow ein Simulant war, war Pjotr Iwanowitsch natürlich klar. Gut, soll er eine Woche lang liegen. In dieser Woche sammeln wir sämtliche

Analysen, damit alles seine Form hat. Alle Papiere kommen in die Krankengeschichte.
Pjotr Iwanowitsch lächelte, er genoß im voraus den theatralischen Effekt seiner neuen Entlarvung.

Eine Woche später wurde im Krankenhaus ein Transport für den Dampfer zusammengestellt – die Verschiffung von Kranken aufs Festland. Die Protokolle wurden gleich im Krankensaal geschrieben, und der aus der Verwaltung angereiste Vorsitzende der ärztlichen Kommission prüfte höchstpersönlich die Kranken, die das Krankenhaus zum Abtransport vorgesehen hatte. Seine Rolle bestand in der Prüfung der Dokumente und der Kontrolle ihrer korrekten Form – die persönliche Untersuchung des Kranken dauerte eine halbe Minute.

»Auf meinen Listen«, sagte der Chirurg, »steht ein gewisser Mersljakow. Vor einem Jahr haben ihm die Begleitposten das Rückgrat gebrochen. Ich möchte ihn mitschicken. Er wurde kürzlich in die Neurologie verlegt. Die Unterlagen zu seinem Abtransport sind bereit – hier.«
Der Kommissionsvorsitzende wandte sich dem Neuropathologen zu. »Bringen Sie Mersljakow her«, sagte Pjotr Iwanowitsch.
Der zusammengekrümmte Mersljakow wurde gebracht. Der Vorsitzende sah ihn flüchtig an.
»So ein Gorilla«, sagte er. »Ja, natürlich, solche braucht man nicht hier zu behalten.« Und er griff zur Feder und streckte die Hand nach den Listen aus.
»Ich unterschreibe das nicht«, sagte Pjotr Iwanowitsch mit lauter und klarer Stimme. »Das ist ein Simulant, und morgen werde ich die Ehre haben, ihn Ihnen wie dem Chirurgen vorzuführen.«

»Gut, dann bleibt er«, sagte der Vorsitzende gleichgültig und legte die Feder hin. »Und überhaupt, lassen Sie uns zum Ende kommen, es ist schon spät.«
»Er ist ein Simulant, Serjoscha«, sagte Pjotr Iwanowitsch und hakte den Chirurgen unter, als sie das Krankenzimmer verließen. Der Chirurg machte seinen Arm frei. »Vielleicht«, sagte er mit angeekelter Miene. »Gebe Gott Ihnen Erfolg bei der Entlarvung. Sie werden eine Menge Befriedigung erleben.«

Am folgenden Tag trug Pjotr Iwanowitsch auf der Besprechung beim Krankenhauschef ausführlich über Mersljakow vor.
»Ich denke«, sagte er abschließend, »wir werden die Entlarvung Mersljakows in zwei Schritten durchführen. Der erste ist eine Rauschnarkose, an die Sie, Sergej Fjodorowitsch, nicht gedacht haben«, sagte er triumphierend, an den Chirurgen gewandt. »Das hätte man gleich tun müssen. Und sollte auch der Rausch nichts erbringen, dann…« Pjotr Iwanowitsch breitete die Arme aus, »dann eine Schocktherapie. Das ist eine kurzweilige Sache, das versichere ich Ihnen.«
»Geht das nicht zu weit?«, sagte Alexandra Sergejewna, die Leiterin der größten Abteilung des Hauses, der Tuberkulosestation, eine füllige schwere Frau, die vor kurzem vom Festland gekommen war.
»Na«, sagte der Krankenhauschef, »bei einem solchen Aas.« Er war wenig befangen im Beisein von Damen.
»Wir werden sehen, wie die Ergebnisse des Rausches ausfallen«, sagte Pjotr Iwanowitsch vermittelnd.

Die Rauschnarkose ist eine betäubende Äthernarkose von kurzer Wirkung. Der Kranke schläft für fünfzehn, zwanzig Minuten ein, und in dieser Zeit muß der Chirurg es schaffen, eine Verrenkung zu beheben, einen Zeh zu amputieren oder ein schmerzhaftes Geschwür aufzuschneiden.

Die Chefs, in weiße Kittel gekleidet, umringten den Operationstisch im Verbandsraum, auf den sie den folgsamen zusammengekrümmten Mersljakow gelegt hatten. Die Sanitäter griffen nach den Baumwollgurten, mit denen man die Kranken gewöhnlich an den Operationstisch bindet.

»Nicht, nicht!«, schrie Pjotr Iwanowitsch und eilte herbei. »Die Gurte brauchen wir nicht.«
Mersljakows Gesicht wurde nach oben gekehrt. Der Chirurg setzte ihm die Narkosemaske auf und nahm das Ätherfläschchen zur Hand.
»Fangen Sie an, Serjoscha!«
Der Äther begann zu tropfen.
»Tiefer, tiefer atmen, Mersljakow! Laut zählen!«
»Sechsundzwanzig, siebenundzwanzig ...«, zählte Mersljakow mit träger Stimme, und dann, das Zählen plötzlich abbrechend, redete er etwas nicht gleich Verständliches, Abgerissenes, mit schmutzigen Flüchen Durchsetztes.

Pjotr Iwanowitsch hielt Mersljakows linke Hand. Nach einigen Minuten erschlaffte die Hand. Pjotr Iwanowitsch ließ sie los. Die Hand fiel weich und tot auf den Rand des Tischs. Langsam und triumphierend streckte Pjotr Iwanowitsch Mersljakows Körper aus. Alle staunten. »Und jetzt bindet ihn fest«, sagte Pjotr Iwanowitsch den Sanitätern.

Mersljakow schlug die Augen auf und sah die behaarte Faust des Krankenhauschefs.
»Na also, du Schuft«, krächzte der Chef. »Jetzt gehst du vor Gericht.«
»Bravo, Pjotr Iwanowitsch, bravo!«, wiederholte der Kommissionsvorsitzende und klopfte dem Neuropathologen auf die Schulter. »Und ich war gestern schon bereit, diesen Gorilla freizulassen!«
»Macht ihn los!«, kommandierte Pjotr Iwanowitsch.
»Steig vom Tisch!«

Mersljakow war noch nicht endgültig wach. In den Schläfen klopfte es, im Mund hatte er den widerlichen, süßen Äthergeschmack. Mersljakow begriff auch jetzt noch nicht, ob er träumte oder wachte, und vielleicht hatte er solche Träume auch früher schon öfter gehabt.
»Schert euch doch alle zum Teufel!«, schrie er plötzlich und nahm wieder seine gekrümmte Haltung ein.
Breitschultrig, knochig, mit den langen, dicken Fingern beinahe den Boden berührend, mit trübem Blick und zerzausten Haaren, wirklich einem Gorilla ähnlich, verließ Mersljakow den Verbandsraum. Pjotr Iwanowitsch wurde gemeldet, der Kranke Mersljakow liege in seiner gewöhnlichen Pose im Bett. Der Arzt befahl, ihn in sein Kabinett zu bringen. »Du bist entlarvt, Mersljakow«, sagte der Neuropathologe. »Aber ich habe mit dem Chef gesprochen. Du wirst nicht vor Gericht gestellt, nicht in die Strafgrube geschickt, du wirst einfach aus dem Krankenhaus entlassen und kehrst in deine Grube zurück, an deine alte Arbeit. Du bist ein Held, Bruder. Ein ganzes Jahr hast du uns an der Nase herumgeführt.«
»Ich weiß von nichts«, sagte der Gorilla, ohne die Augen zu erheben.

»Was heißt, von nichts? Wir haben dich doch gerade ausgestreckt!«
»Niemand hat mich ausgestreckt.«
»Nun, mein Lieber«, sagte der Neuropathologe. »Jetzt reicht es wirklich. Ich wollte es mit dir im Guten versuchen. Aber so – paß auf, in einer Woche wirst du selbst um deine Entlassung bitten.«
»Was wird in einer Woche alles sein«, sagte Mersljakow leise. Wie sollte er dem Arzt erklären, daß selbst eine weitere Woche, ein weiterer Tag, eine weitere Stunde, die er außerhalb der Grube verbrachte, sein, Mersljakows Glück war. Wenn der Arzt das nicht selbst versteht, wie kann man es ihm erklären? Mersljakow schwieg und schaute zu Boden.
Mersljakow wurde weggebracht, und Pjotr Iwanowitsch ging zum Krankenhauschef.
»Es ginge schon morgen, nicht in einer Woche«, sagte der Chef, nachdem er Pjotr Iwanowitschs Vorschlag angehört hatte.
»Ich habe ihm eine Woche versprochen«, sagte Pjotr Iwanowitsch, »davon wird das Krankenhaus nicht arm.«
»Gut«, sagte der Chef. »Dann in einer Woche. Aber rufen Sie mich. Und werden Sie ihn anbinden?«
»Man darf ihn nicht anbinden«, sagte der Neuropathologe. »Sonst renkt er sich den Arm oder das Bein aus. Sie werden ihn festhalten.« Und er nahm Mersljakows Krankengeschichte, schrieb in der Rubrik Verordnungen »Schocktherapie« und setzte das Datum dazu.

Bei der Schocktherapie injiziert man ins Blut des Kranken eine Dosis Kampferöl, die das Quantum desselben Medikaments, das man Schwerkranken zur Unterstützung der Herztätigkeit unter die Haut spritzt, um ein mehrfaches überschreitet. Sie bewirkt einen plötzlichen Ausbruch, ähnlich einem Tobsuchts- oder epileptischen Anfall. Das Kampferöl führt zu einer jähen Steigerung der gesamten Muskeltätigkeit, aller Bewegungskräfte des Menschen. Die Muskeln geraten in unerhörte Anspannung, und die Kraft des Kranken, der das Bewußtsein verliert, verzehnfacht sich. Der Anfall dauert einige Minuten.

Einige Tage vergingen, und Mersljakow dachte gar nicht daran, sich aus freiem Willen aufzurichten. Es kam der in der Krankengeschichte vorgesehene Morgen, und man brachte Mersljakow zu Pjotr Iwanowitsch. Im Norden ist man dankbar für jede Zerstreuung – das Kabinett des Doktors war voll. Acht baumstarke Sanitäter waren entlang der Wand angetreten. In der Mitte des Kabinetts stand eine Liege.

»Wir machen es hier«, sagte Pjotr Iwanowitsch und stand vom Tisch auf »Zu den Chirurgen brauchen wir nicht zu gehen. Übrigens, wo ist Sergej Fjodorowitsch?«
»Er kommt nicht«, sagte Anna Iwanowna, die Schwester vom Dienst. »Er sagte, er ist beschäftigt.«
»Beschäftigt, beschäftigt«, wiederholte Pjotr Iwanowitsch. »Für ihn wäre es nützlich gewesen, zuzusehen, wie ich seine Arbeit mache.«

Man schob Mersljakow den Ärmel hoch, und der Feldscher rieb ihm den Arm mit Jod ein. Die Spritze in der rechten Hand, stach der Feldscher mit der Nadel nahe der Armbeuge in die Vene. Dunkles Blut strömte durch die Nadel ins Innere der Spritze. Mit einer weichen Bewegung des Daumens drückte der Feldscher den Kolben, und die gelbe Lösung begann in der Vene zu verschwinden.

»Spritzen Sie schneller ein!«, sagte Pjotr Iwanowitsch. »Und gehen Sie flott beiseite. Und ihr«, sagte er zu den Sanitätern, »haltet ihn.«

Der riesige Körper Mersljakows hüpfte und wand sich in den Händen der Sanitäter. Acht Personen hielten ihn. Er röchelte, wand sich, schlug aus, doch die Sanitäter hielten ihn fest, und allmählich beruhigte er sich.

»Einen Tiger, einen Tiger kann man so bändigen«, schrie Pjotr Iwanowitsch begeistert. »In Transbajkalien werden Tiger so per Hand gefangen. Beachten Sie«, sagte er dem Krankenhauschef, »wie Gogol übertreibt. Erinnern Sie sich an das Ende von ›Taras Bulba‹? ›Wohl an die dreißig Mann hingen an seinen Armen und Beinen‹. Und dieser Gorilla ist ja größer als Bulba. Und bloß acht Personen.«
»Ja, ja«, sagte der Chef. An Gogol erinnerte er sich nicht, aber die Schocktherapie gefiel ihm außerordentlich.

Am folgenden Morgen blieb Pjotr Iwanowitsch während der Visite an Mersljakows Bett stehen.
»Na und«, fragte er, »wie sieht deine Entscheidung aus?«
»Entlassen Sie mich«, sagte Mersljakow.

Das Thema der Rationierung und der Knappheit zieht sich durch den gesamten Erzählzyklus Warlam Schalamows. Er besteht aus 155 Geschichten, die zwischen 1954 und 1973 geschrieben wurden, und dokumentiert vorwiegend seine Erlebnisse in der Kolyma – der nordost-sibirischen Region, die synonym für das stalinistische Lagersystem des GULag steht. 1907 geboren, geriet der Student des »sowjetischen Rechts« Warlam Tichonowitsch Schalamow 1929 erstmals in Konflikt mit der Obrigkeit, die ihn zu Arbeit im Nordural verurteilte.

Dies markiert seinen Eintritt in das umfängliche Netz aus Straf- und Verbannungsstationen, die nach der Oktoberrevolution aus Misstrauen gegen den noch zaristischen Justizapparat und seine Gefängnisse parallel aufgebaut wurde. Abwesenheit von Verurteilungen, härteste körperliche Arbeit an Infrastrukturmaßnahmen und Selbstversorgung gelten als Kennzeichen der stalinistischen Lager, die von den umliegenden Ökonomien oftmals nicht erreicht, geschweige denn versorgt werden konnten. Als 1931 der Ostsee-Weißmeer-Kanal ausgehoben wird (der als das erste megalomane Bauprojekt gilt, das durch billige Zwangsarbeit der Häftlinge realisiert wurde), durfte Schalamow nach Moskau zurückkehren. Als Journalist knüpfte er an seine Kontakte zur literarischen Avantgarde an, nur um 1937 erneut interniert zu werden. Dieses Mal ging es in die Kolyma, aus der so viele nicht zurückgekehrt sind und in der der Gold- oder Uranabbau auch bei -50 Grad nach gnadenloser Norm vorangetrieben wurde. Vernichtung geschah im GULag durch Arbeit.

Durch das Kürzel IRTD (konterrevolutionäre trotzkistische Tätigkeit) stand Schalamow in der Lagerhierarchie noch weit unter den besser organisierten Kreisen der Berufsverbrecher, die die innere Struktur der Lager bestimmten. Es folgten über 18 Jahre zähen Überlebenskampfes. Vor der Entlassung 1953 konnte Schalamow in einem Lagerkrankenhaus aushelfen, was seine Situation verbesserte, wenn nicht überhaupt sein Überleben rettete. Erst einige Jahre später traf der bindungslose und von der Familie verleumdete Schalamow in Moskau ein. Er begann, das Gesehene und Erlittene in faktischem Stil zu Papier zu bringen. Veröffentlichen konnte er lediglich Gedichte. Die »Erzählungen aus der Kolyma« zirkulierten – wenn überhaupt – nur im literarischen Untergrund des Samisdat und wurden durch Abtippen vervielfältigt. Eine Emigrantenzeitschrift im Ausland druckte schließlich die Erstveröffentlichung. Den Erfolg seiner Schriften hat der Autor, der 1982 in Moskau verstarb, kaum noch erleben können.

Lagerrationierung, Brotmengen, Fußlappen, eine Konserve, eine Zigarette, ein Moment länger in der Wärme, ein Moment länger Schlaf, eine etwas kürzere Strecke in der Abbaunorm untertage – Schalamow schildert das staatliche Vernichtungssystem des GULag in unerbittlicher Exaktheit. Arbeitsmenge und Essensration werden zu einem ehernen und unmöglichen Gesetz.

Unter diesem Druck verschieben sich unausgesetzt die Werte der Dinge und Stoffe. Aber auch das menschliche Verhalten wird in allen Verzerrungen und Gleichgültigkeiten nachgezeichnet. Wo der Staat die Würde des Einzelnen längst verworfen hat, gibt Schalamow mit seiner einfachen Prosa der Subsistenz diese Suche nicht auf. Minimale Spielräume und Selbstbehauptungen werden kostbar: etwa wenn der Protagonist der Erzählung »Schocktherapie« (1956) Identität und wahre Aussage verweigert. Das Recht ist auf der Seite des Simulanten, der dem aufrechten Gang aus Entsetzen vor den Bergwerken abschwört. Der behandelnde Neurologe hingegen macht sich gerade durch die vermeintlich neutrale Spurenerzeugung seiner Wissenschaft zum Täter, ja zum Verbrecher. Auch dieser allerdings kämpft gegen das unmögliche System, denn er setzt seine Würde daran, sich seine ärztliche Kunst selbst in der Kolyma nicht austreiben zu lassen.

Diese Treue zu den Strategien der wissenschaftlichen Aufklärung allerdings führt ihn in ein moralisches Vakuum, was durch die Missbilligung seines Kollegen nochmals deutlicher wird. Kern und Ausdruck des GULag ist die »Bürokratenerfindung« des voll durchquantifizierten Lebens, in dem nicht nur Essen, sondern die Arbeits-, Schlaf- und Wärmemengen zu gering rationiert werden. Verteilt wird im verächtlichen Maß, das den Menschenkörper in seinen Eigenheiten übergeht – und dabei noch rücksichtsloser verfährt als mit den Körpern der Pferde. Gegen den Extremfall der stalinistischen Lagerrationierung, die auf maximale Ausbeute angelegt war, kann kaum etwas aufgeboten werden. Weder das lügenbereite Augenmaß des Chirurgen, der bereits die Entlassungspapiere vorbereitet hatte, noch die hartnäckige Fälschung des Simulanten können ihn letztlich retten.

Die Originalerzählung des in letzter Zeit viel rezipierten russischen Autors Warlam Schalamow ist entnommen aus: *Durch den Schnee. Erzählungen aus Kolyma*, Bd. 1, hg. und mit einem Nachwort von Franziska Thun-Hohenstein, Berlin 2007, S. 208–221. Der Nachdruck erfolgt mit freundlicher Genehmigung des Verlags Matthes & Seitz Berlin. Die Übersetzung aus dem Russischen stammt von Gabriele Leupold und beruht auf der Ausgabe: Varlam Salamov, Sobranie socinenij v sesti tomach. Tom 1. Rasskazy tridcatych godov. Kolymskie rasskazy. Sostavitel' Irina Sirotinskaja. Moskva, TERRA Kniznyj klub 2004.

Abbildungen

Abb. 1 Rationierungskarten, die um 1905 in den Wind River Indian Reservations in Wyoming / USA in Gebrauch waren. Die nördlichen Arapaho und die östlichen Shoshone-Gemeinschaften wurden über diese Instrumente an die zugewiesenen Siedlungsgebiete gebunden.

Abb. 2 Distributiebonnen – Wertmarken für Magermilch, Butter und Brot, Kartoffeln und Fleisch aus den Niederlanden, 1944.

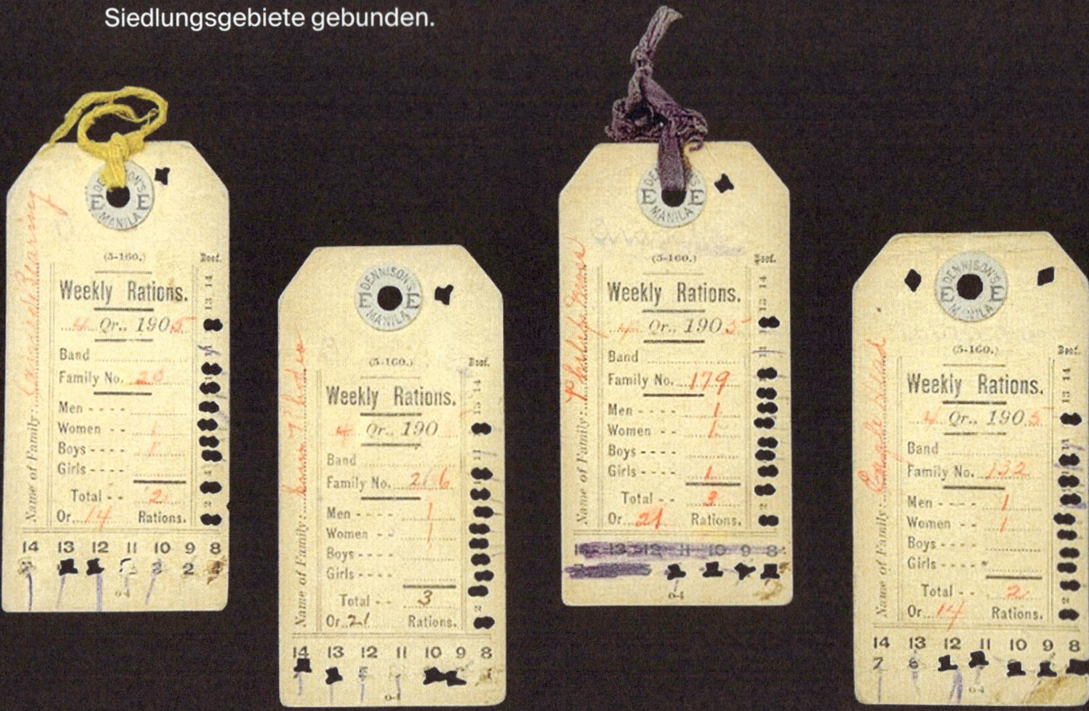

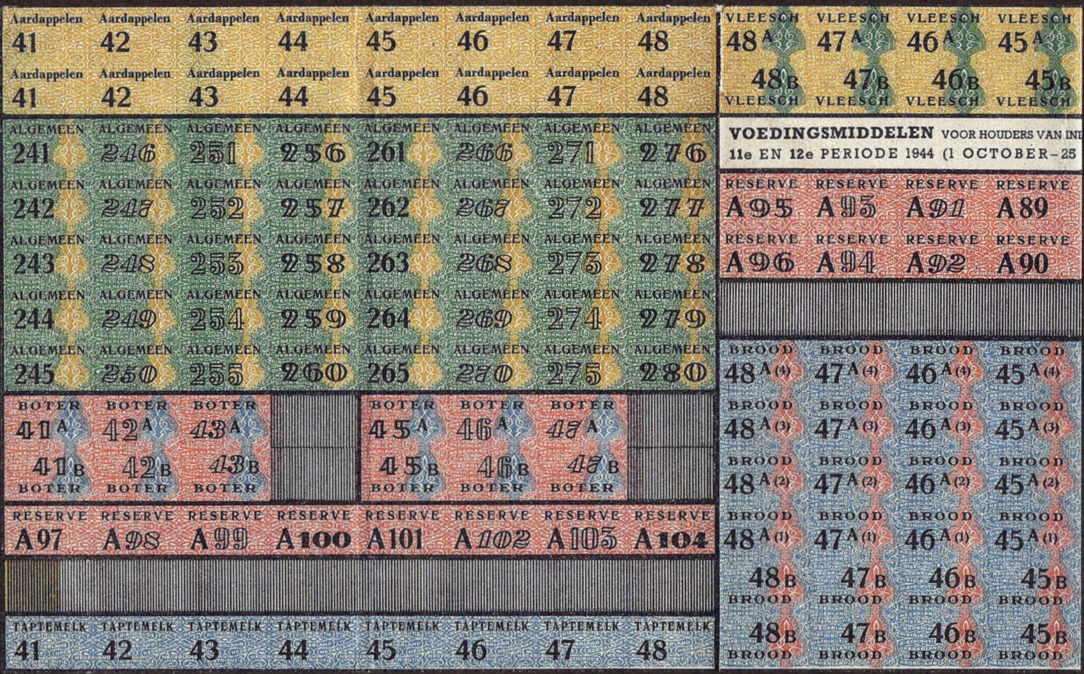

Abb. 3 Die Zuteilung von Nahrung durch Marken blieb bis lange nach Kriegsende in Kraft; Urmatt / Frankreich, 1948.

Abb. 4 Antrag auf das US-amerikanische Ration Book 3 von Martha A. Teichmann sowie Umschlag, adressiert an die zentrale Verwaltungsbehörde: das Office of Price Administration in New York.

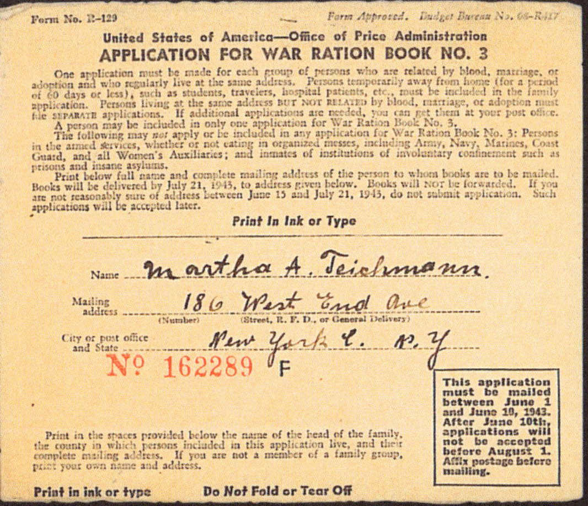

Form No. R-129 Form Approved. Budget Bureau No. 08-R417

United States of America—Office of Price Administration

APPLICATION FOR WAR RATION BOOK NO. 3

One application must be made for each group of persons who are related by blood, marriage, or adoption and who regularly live at the same address. Persons temporarily away from home (for a period of 60 days or less), such as students, travelers, hospital patients, etc., must be included in the family application. Persons living at the same address BUT NOT RELATED by blood, marriage, or adoption must file SEPARATE applications. If additional applications are needed, you can get them at your post office.

A person may be included in only one application for War Ration Book No. 3.

The following may *not* apply or be included in any application for War Ration Book No. 3: Persons in the armed services, whether or not eating in organized messes, including Army, Navy, Marines, Coast Guard, and all Women's Auxiliaries; and inmates of institutions of involuntary confinement such as prisons and insane asylums.

Print below full name and complete mailing address of the person to whom books are to be mailed. Books will be delivered by July 21, 1943, to address given below. Books will NOT be forwarded. If you are not reasonably sure of address between June 15 and July 21, 1943, do not submit application. Such applications will be accepted later.

Print In Ink or Type

Name Martha A. Teichmann

Mailing address 186 West End Ave (Number) (Street, R. F. D., or General Delivery)

City or post office and State New York C. N.Y

№ 162289 F

This application must be mailed between June 1 and June 10, 1943. After June 10th, applications will not be accepted before August 1. Affix postage before mailing.

Print in the spaces provided below the name of the head of the family, the county in which persons included in this application live, and their complete mailing address. If you are not a member of a family group, print your own name and address.

Print in ink or type **Do Not Fold or Tear Off**

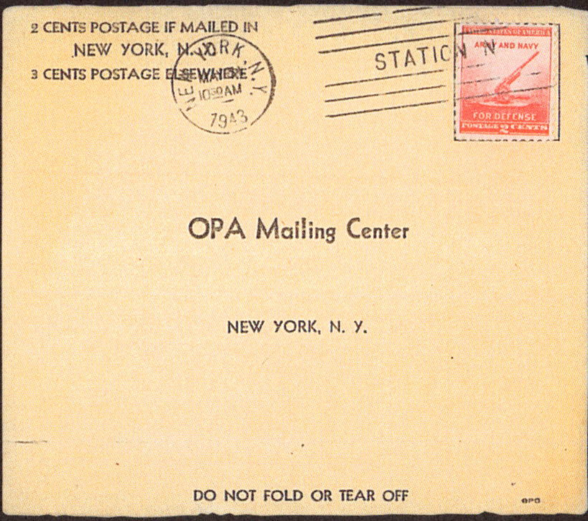

Abb. 5 Diese Coupons für Benzin waren nur gültig, wenn der Besitzer des Fahrzeuges seinen Namen und das Nummernschild mit Tinte eintrug. Motor Spirit Ration Ticket, B-Serie, landesweit einsetzbar, erlaubte den Erwerb von 5 imperialen Gallonen Sprit; Australien, II. Weltkrieg.

Abb. 6 Marken der Fleischrationierung in Triest, die Ricci Fiedler als Andenken aufbewahrte. Tessera lässt sich mit »Anteilsschein«, »Mitgliedsausweis« übersetzen. Der Begriff erinnert jedoch an die Tradition der Verteilungsmarken in der späten Römischen Republik, die jeder erhielt, der auf der Tributliste seines Distriktes stand; I. Weltkrieg.

Abb. 7 Das beantragte War Ration Book 3 von Martha A. Teichmann ist eingetroffen. Die 54-Jährige gab als Beruf »Köchin und Haushälterin« an und lebte mit Wong Mian in New York.

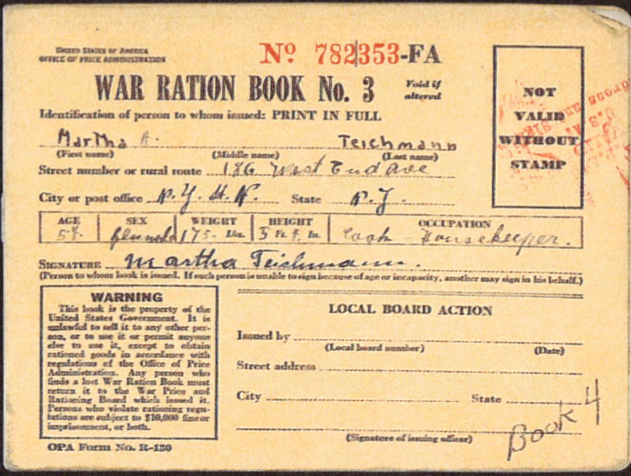

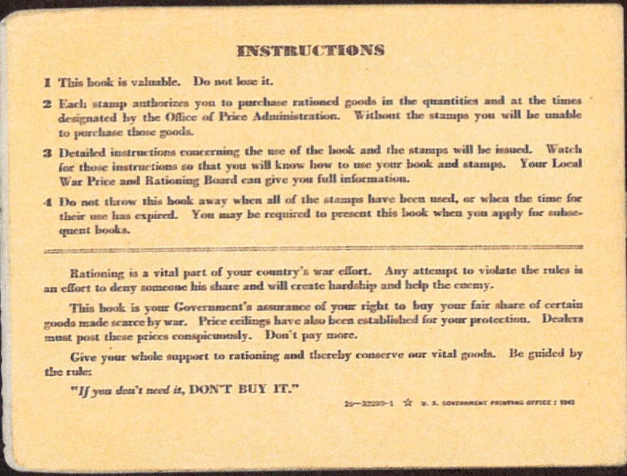

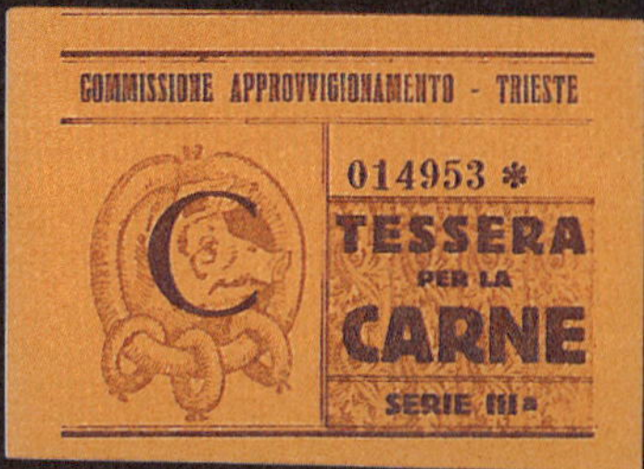

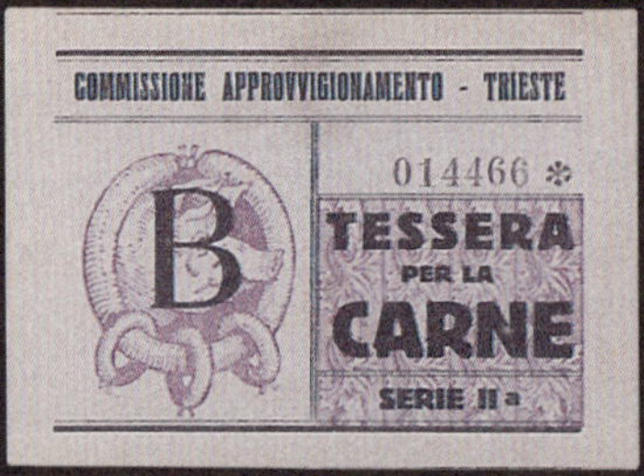

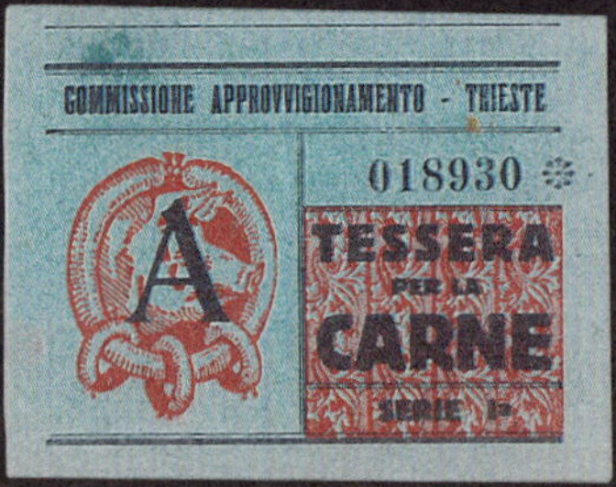

Abb. 8 Typisches Genossenschaftsgeld des Konsumvereins »Vorwärts« in Dresden, gültig vom 1. Oktober 1923 bis 1. Dezember 1923. Die Währungen und Gutscheine der Konsumvereine waren bis zum Ende der Hyperinflation zahlreich und ein Versuch, den Einkauf von Lebensmitteln für die Mitglieder möglichst nah am Erzeugerpreis, mindestens aber an den günstigen Preisen des Großhandels zu halten.

Abb. 9 Inventarlisten für abgetrennte Coupons sollten jede einzelne Gallone Benzin nachverfolgbar machen, Order No. 5; USA, 1942.

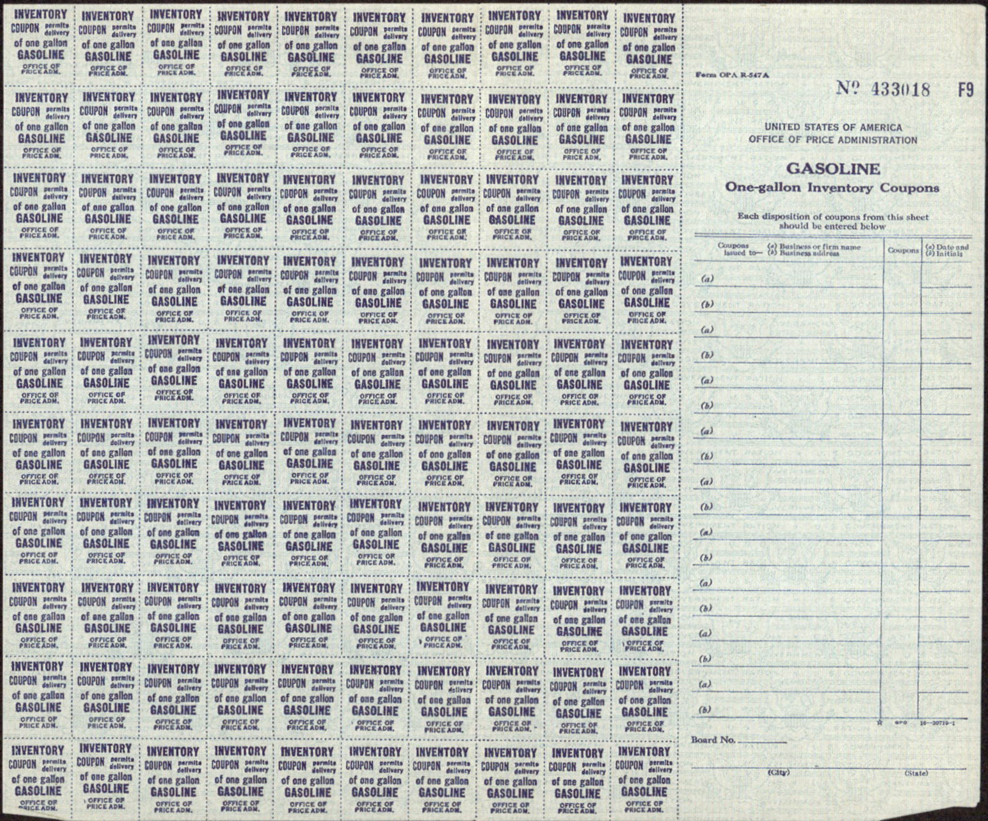

Abb. 10a Die US-amerikanischen Rationierungscoupons aus dem Zweiten Weltkrieg sind voller guter Ideen für das Verhalten der Konsument/innen: »Rationierung garantiert deinen fairen Anteil!«

Abb. 10b »Lebensmittel kämpfen für die Freiheit! Teile und spiele fair!«

Abb. 10c »Überprüfe die Höchstpreise der OPA bei jedem Einkauf!«

Abb. 11 Die kommunale »Commissione all' approvvigionamento« ging zu Beginn des Ersten Weltkriegs aus privaten Initiativen hervor, als der Handel im Hafen von Triest merklich zurückgegangen war. Die Bögen für die Marmeladenmarken wirken improvisiert und enthalten noch keine Ausweiselemente.

Abb. 12 Tee- und Butterkarten mit Ausweisfunktion; Kooloonong / Australien, 1949.

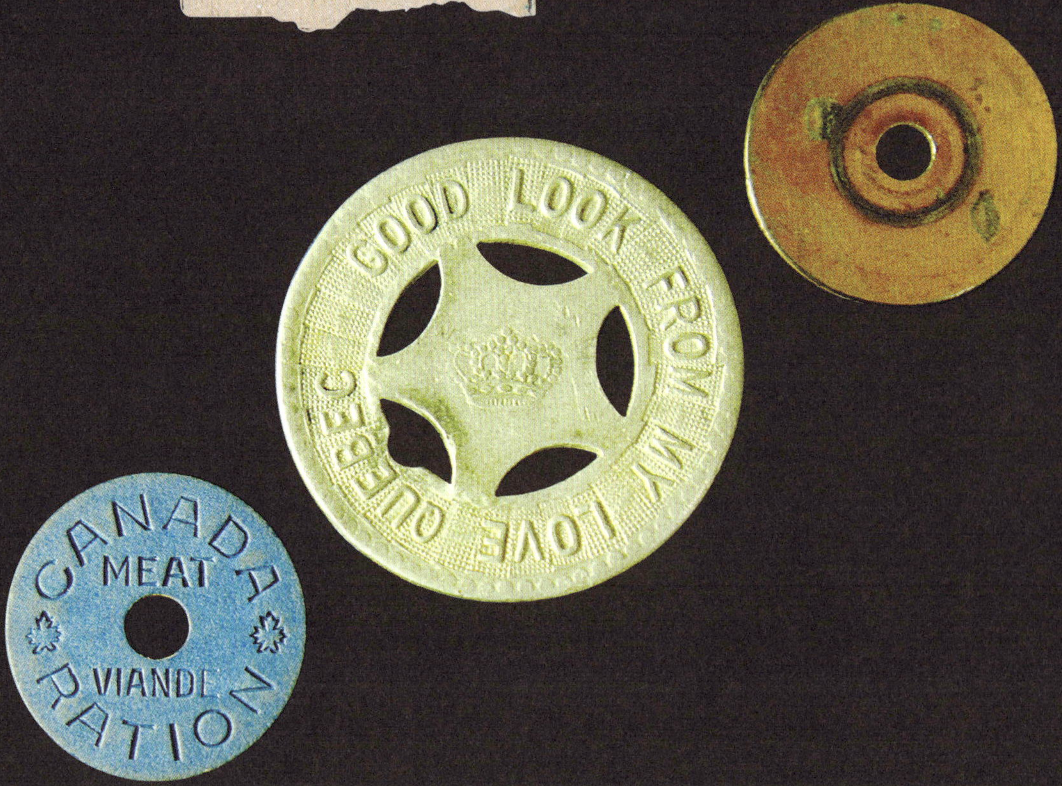

Abb. 13 How to do things with tokens – Verteilungsobjekte; Kanada, 20. Jahrhundert.

Abb. 14 Rationierungskarte aus West-Frankreich mit Warnungen vor Missbrauch und Stempel des Bürgermeisters der französischen Gemeinde Urmatt / Département Bas-Rhin, 1949.

Abb. 15 Das »Wohlfahrtsfleisch«, das Rosa Klein als »Minderbemittelter« zustand, wurde in Wochenmengen pro Haushalt ausgegeben, der Schein war nur gültig mit dem Stempel der Brotkommission; Wien, 1929.

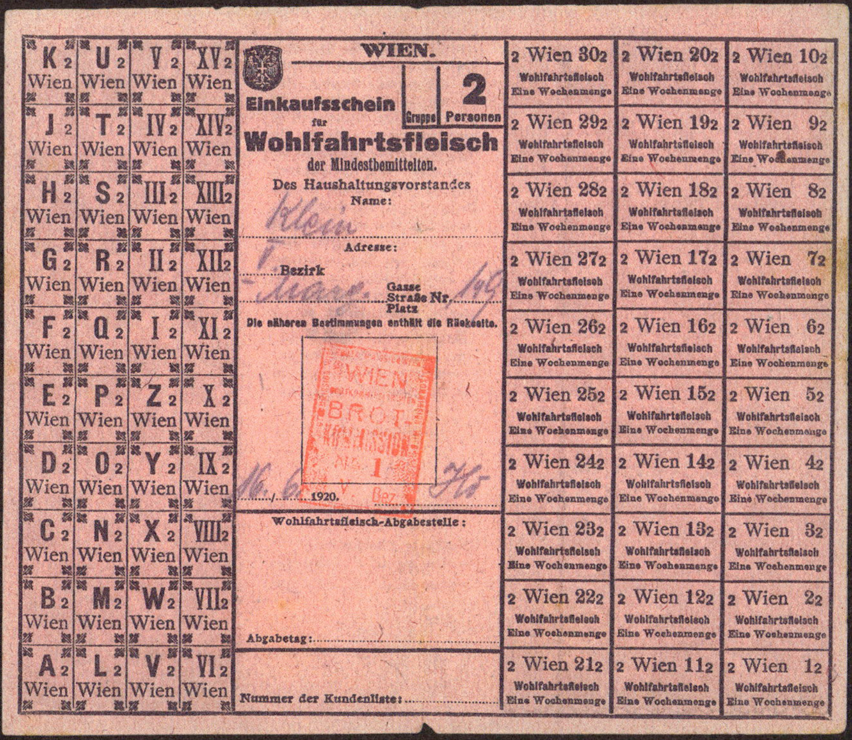

Abb. 16 Marken für Kaffee, die Rosa Klein ausschließlich beim »Arbeiter-Consum-Verein« in der Brauhausgasse einlösen konnte; Wien, 1919/20.

Abb. 17 Antwort-Coupon für ein Briefporto, gestempelt beim Weltpostverein Wien.

Abb. 18 Punkt-Wert-System, West-Frankreich, genutzt von April 1947 bis Anfang 1948, gültig bis zum zweiten Quartal 1949.

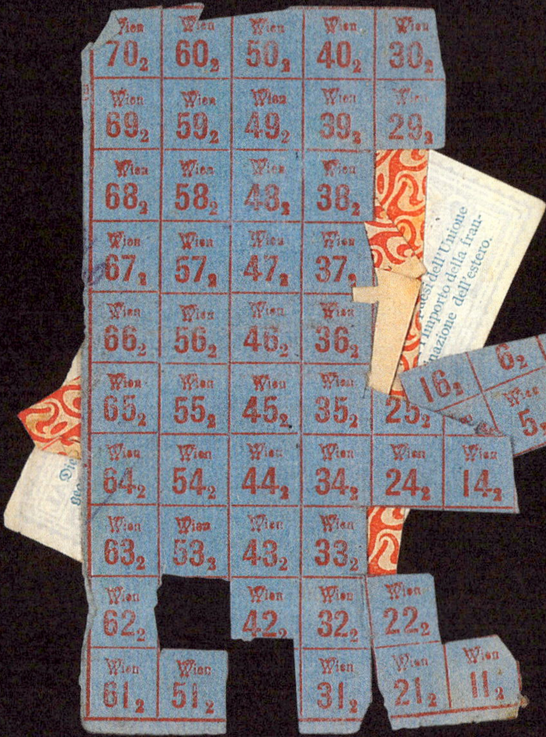

Abb. 19 Heizöl und Brennstoffe werden kritische Ressourcen, Order No. 11; USA, 1942.

Abb. 20 Carte d'Alimentation; Frankreich, 1919.

Abb. 21 Das »Commonwealth Liquid Fuel Control Board« kontrollierte für 10 Jahre die Benzinressourcen; Australien, 1941.

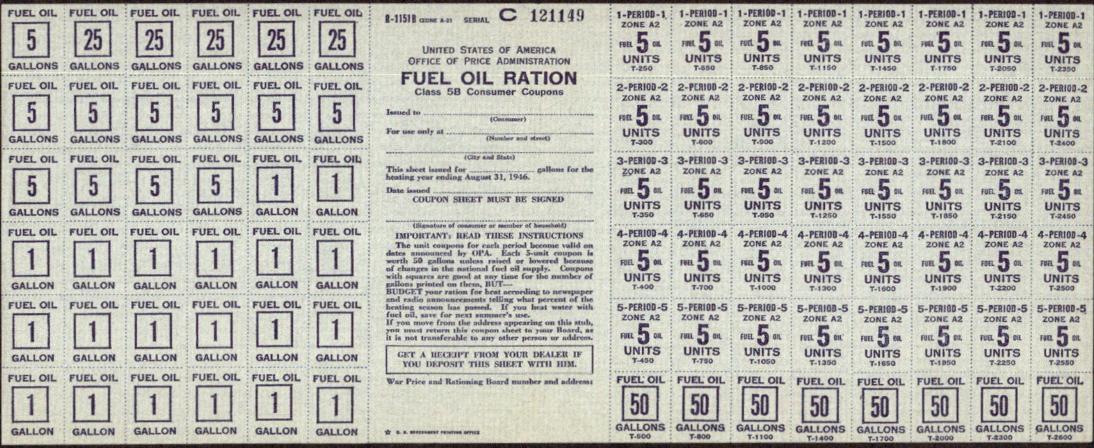

Abb. 22 Kleiderkarte; Frankreich, 1945.

Abb. 23 Kleiderkarte von Helene Viktoria Maria Jochim. Die Fachlehrerin aus Brno wurde 1945 im Rahmen des sogenannten »Brünner Todesmarsches« aus Brno ausgewiesen. Es gelang ihr mit der Hilfe ihrer Tochter, sich abzusetzen und in Wien eingebürgert zu werden.

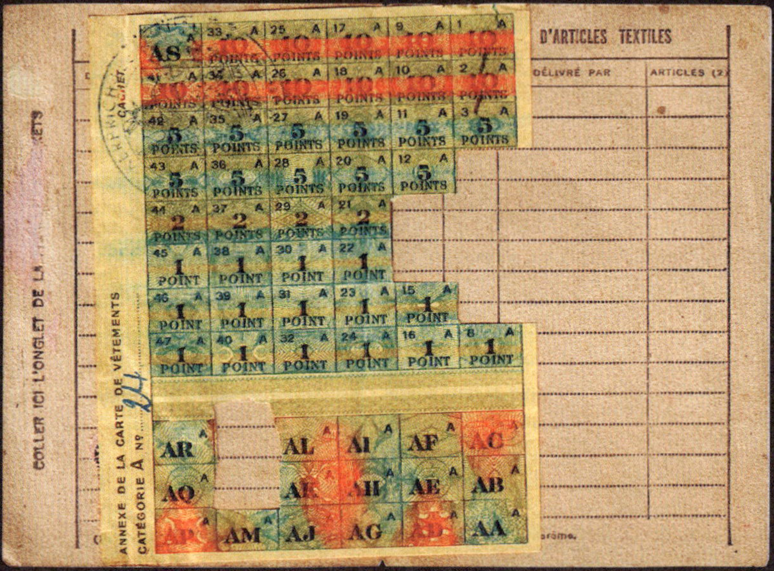

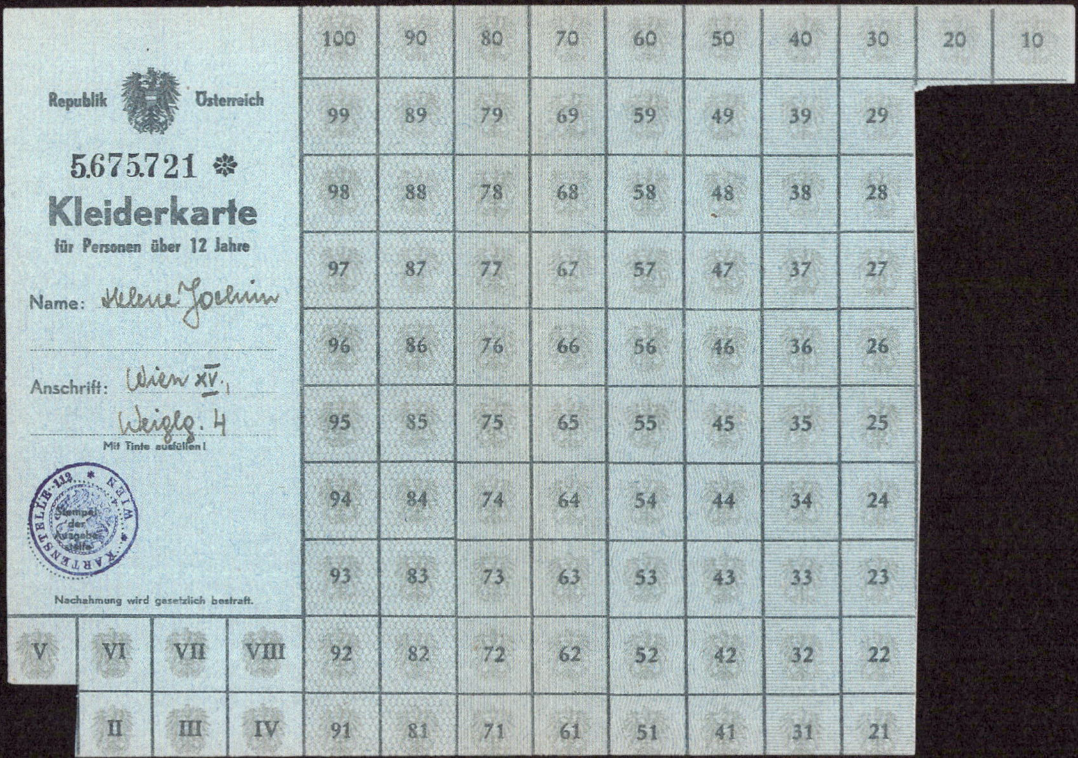

Abb. 24 Halle gehörte zu den ersten Orten in Deutschland, in denen 1915 bereits das Brot rationiert wurde. Vier Brotmarken pro Woche in Kombination mit einem Lebensmittelschein berechtigten zum Kauf. In der Folge wurde Mehlverschwendung durch Kuchen auch Privathaushalten verboten.

Abb. 25 Der Ausweis aus der k. u. k. Statthalterei Steiermark, Ortsstempel Krieglach, berechtigte zum Kauf verbilligten Zuckers bis zu einer klar definierten Maximalmenge von ¾ kg. »Billige Lebensmittel für die arme Bevölkerung« werden programmatisch versprochen.

Abb. 26 Aus Schwerarbeit, Alter und Krankheit konnten Sonderrationen resultieren. Milchkarte für Schwerkranke; Wien, 1920.

A. Steiermark.

K. k. steierm. Statthalterei.

Ausweis

für den Bezug von

3/4 Kilogramm Zucker

ohne Unterschied der Sorte.

1. bis 31. Mai 1918.

Verkauf nur nach Gewicht gegen Vorlegung der Ausweiskarte und Abtrennung der entsprechenden Abschnitte zulässig

Nur in Steiermark und für obigen Zeitraum giltig.

Fälschungen der Karte und Übertretungen der Verbrauchsregelung sind strafbar.

Gemeindesiegel

Krieglach Steiermark

1/8 kg Zucker
1/8 kg Zucker
1/8 kg Zucker
1/8 kg Zucker
1/8 kg Zucker
1/8 kg Zucker

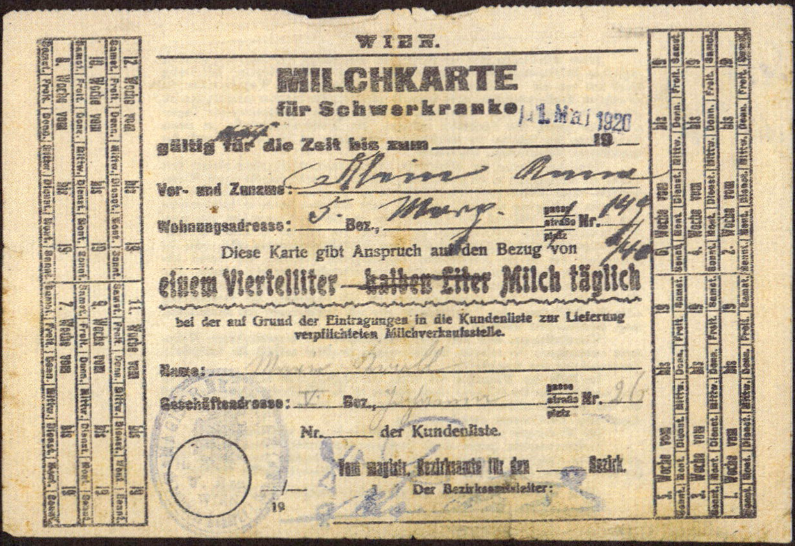

WIEN.

MILCHKARTE

für Schwerkranke 11. Mai 1920

gültig für die Zeit bis zum 19

Vor- und Zuname:

Wohnungsadresse: 5. Bez., Gasse Straße Platz Nr.

Diese Karte gibt Anspruch auf den Bezug von

einem Viertelliter ~~halben Liter~~ Milch täglich

bei der auf Grund der Eintragungen in die Kundenliste zur Lieferung verpflichteten Milchverkaufsstelle.

Name:

Geschäftsadresse: V. Bez., Gasse Straße Platz Nr. 26

Nr. der Kundenliste.

Vom magistr. Bezirksamte für den Bezirk.

19 Der Bezirksamtsleiter:

Abb. 27 Adressfelder für die Rückerstattung verlorener Marken waren Teil vieler Couponsysteme. Eine Telefonnummer hat Wong Mian aus New York City nicht angegeben; USA, II. Weltkrieg.

Abb. 28 Die Motive der Fleischkupons in Triest werden zunehmend komplexer gedruckt; I. Weltkrieg.

Abb. 29 Die Rationierung der Kleider begann in Nordirland im Sommer 1941.

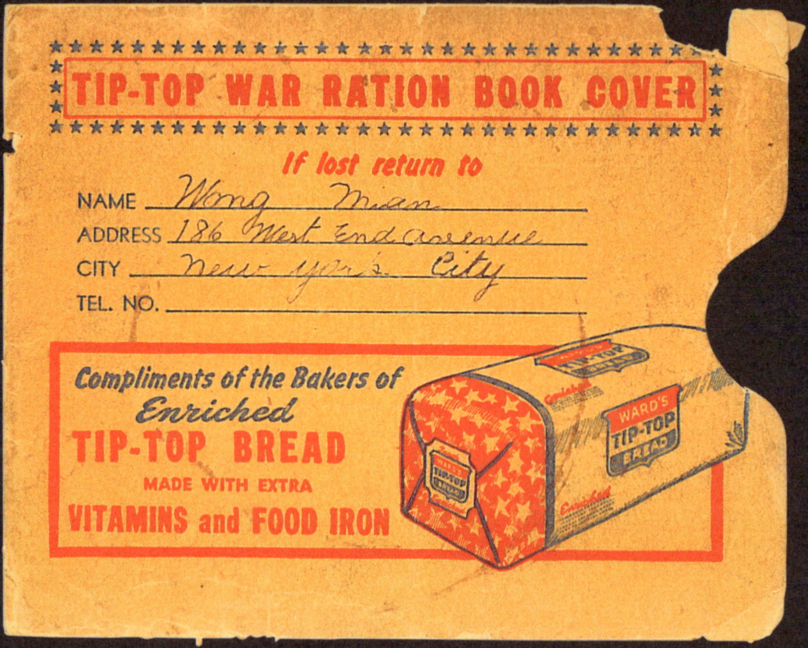

Abb. 30 Hefter zur Organisation der Marken. Frankreich, Besatzungszeit des II. Weltkrieges.

Abb. 30 Die Rationierung umfasst Lebensmittel und Brennstoffe, Kleider und Hygieneartikel.

aus, die nur beiläufig als patacon bezeichnet wurden. Das System entwickelte sich schnell.

Abb. 32 Die fettglänzenden Fladen aus plátanos symbolisieren Reichtum und erinnern an Silbermünzen.

Abb. 33 Dänische Brotrationierungskarte von 1918.

Abb. 34 Butterkarte; Dänemark, 1917/18.

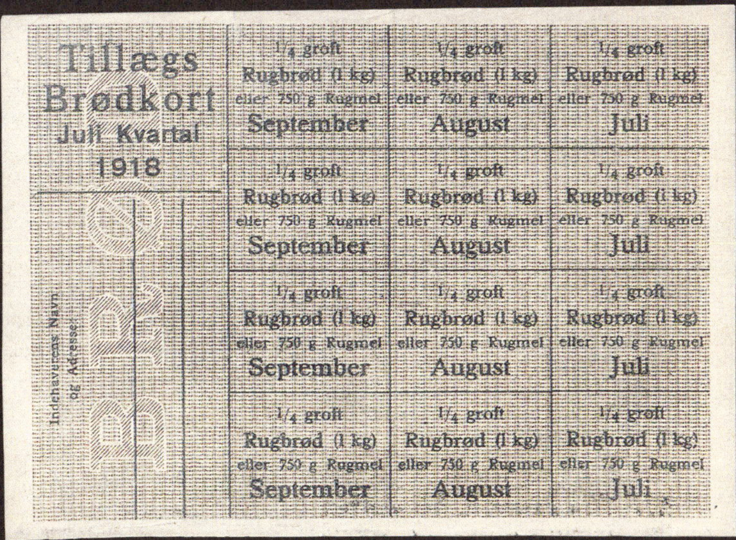

Abb. 35 OneCard. Syrische Flüchtlinge in der Türkei und in Jordanien erhielten 2015 eine Kombination von elektronischem Gutschein und Prepaid-Karte, die mit ihren Logos anmutet wie eine Kreditkarte. Der Transfermechanismus kann monetäre Zuwendungen unterschiedlicher Hilfsagenturen bündeln, wird aber vom World Food Programme implementiert.

Abb. 36 Luftaufnahme des Lagers Zaatari im Norden Jordaniens, unweit der syrischen Grenze im Jahr 2015.

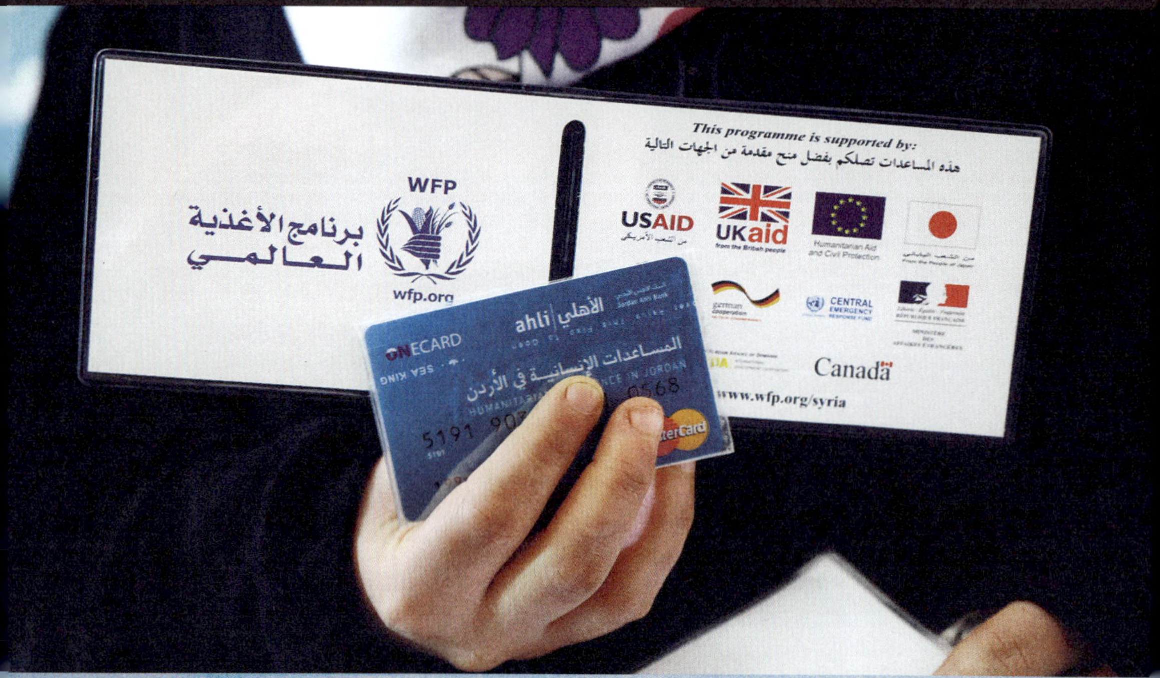

Abb. 37 Identitäts-Zahlung mit dem eigenen Körper. Eine Frau aus Daraa steht an einer mit Iris-Scanner ausgestatteten Kasse in einem Flüchtlingslager (King Abdullah Park Refugee Camp, Jordanien, ca. 2015).

Abb. 38 Die Internationalität fest im Blick. Tazweed-Supermarkt im Flüchtlingslager, in dem das World Food Programme aktiv ist und wo per Irisscan von einem persönlichen Rationierungskonto bezahlt werden kann (Zaatari Refugee Camp, Jordanien, ca. 2017).

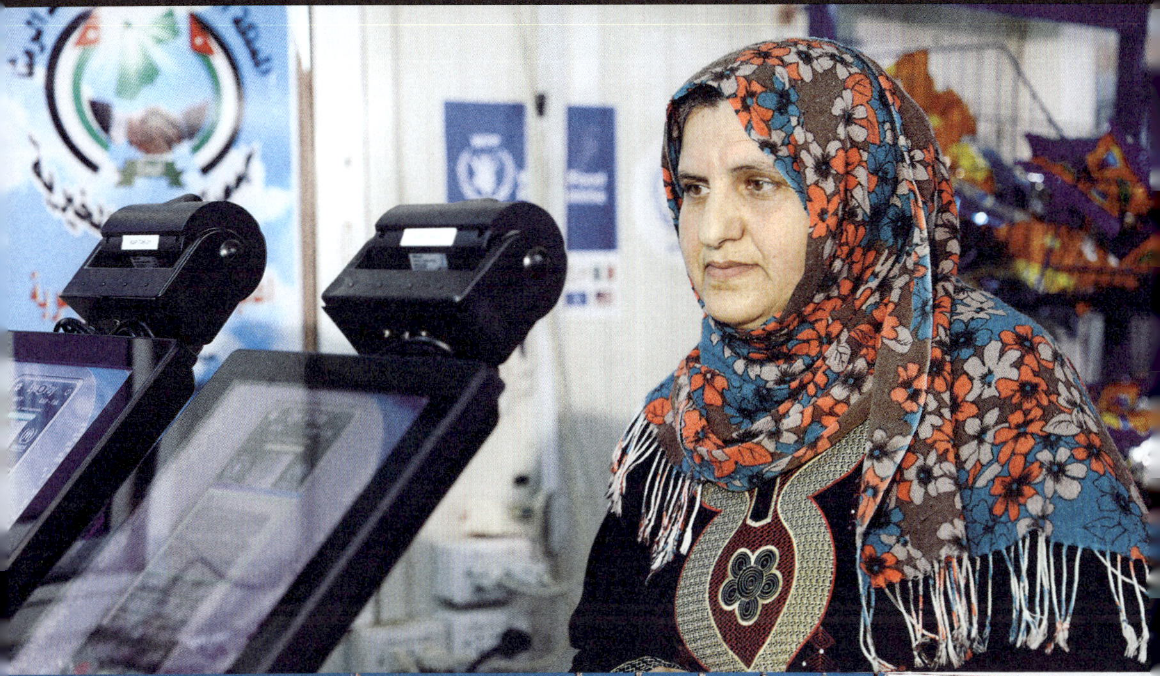

Hendrik Blumentrath, Anna Echterhölter, Frederike Felcht, Karin Harrasser

Jenseits des Geldes
Aporien der Rationierung

ilinx.kollaborationen 2

Die *ilinx.kollaborationen* sind eine Buchreihe für die verschiedenen Varianten gemeinsamen Schreibens: Koautorschaften, kommentierte Neuübersetzungen, mehrstimmige Dialoge und Dokumentationen sind als wissenschaftliche Formate durchaus noch nicht ausgeschöpft. Wie in der parallel erscheinenden Zeitschrift *ilinx – Berliner Beiträge zur Kulturwissenschaft* geht es um Kunst, mediale Praktiken, politische Epistemologie und situierte Theorie.
(www.ilinx-kultur.org)

Hendrik Blumentrath
Anna Echterhölter
Frederike Felcht
Karin Harrasser

Jenseits des Geldes
Aporien der Rationierung

ilinx.kollaborationen 2

Analysis & Excess
Spector Books

Inhaltsverzeichnis

Den Mangel verwalten: Aporien der Rationierung

Anfang 2015 schien es kurzzeitig so, als gehörten Lebensmittelgutscheine für Asylsuchende in Deutschland der Vergangenheit an.[001] Dann aber begannen die Rationierungssysteme verschiedener Hilfsorganisationen in Jordanien und im Libanon aus Geldmangel einzubrechen. Viele aus Syrien geflüchtete Menschen, die über freie Nahrungsanrechte in der Region gehalten worden waren, sahen sich gezwungen, andernorts ihr Auskommen zu finden. Europa reagierte betroffen, und die »unbaren Abrechnungen« (Gutscheine oder Nahrungspakete) waren in Deutschland schnell zurück.[002] Das Phänomen der Rationierung ist, so viel zeigt schon ein flüchtiger Blick auf die Gegenwart, weder entlegen noch überwunden. Im Gegenteil: Derzeit muss im Zeichen von Migration und Finanzkrisen von einer regelrechten Renaissance der Rationierung gesprochen werden; innerhalb des wirtschaftlichen Gefüges bildet die sogenannte *food security* einen nicht zu unterschätzenden Faktor. Die Rationierungsmarke ist insofern weit mehr als ein Signet maroder oder kollabierender Planwirtschaften. Neben den Kriegsökonomien und dem Staatssozialismus des 20. Jahrhunderts blieben Katastrophenregionen, Lager und humanitäre Hilfe stets prekäre Schauplätze der Zuteilung. Die Befriedigung vitaler Grundbedürfnisse wird nicht dem Zusammenspiel von Preisen und individueller Kaufkraft überlassen. Die Allokationsmechanismen des Marktes und der Rationierung sind grundverschieden, existieren in den Volkswirtschaften aber typischerweise nebeneinander: Die Kartografie der Rationierung führt auf den Mangel allerorten, nicht ausschließlich in der Planwirtschaft.

001 Ortsbeschränkungen und Sachleistungen in Form von Lebensmittelgutscheinen gehörten zu den Verschärfungen des Asylbewerberleistungsgesetzes (AsylbLG) der BRD im November 1993. Im März 2015 wurden Sachleistungen auf die Zeit der Erstaufnahme beschränkt. Nach drei Monaten wurde ein monatliches Taschengeld von 100 bis 200 Euro bar ausgezahlt. Vgl. Ralf Rothkegel: »Das Sachleistungsprinzip des Asylbewerberleistungsgesetzes«, in *ZAR — Zeitschrift für Ausländerrecht und Ausländerpolitik* 3 (2011), S. 90—94.

002 Schon das Asylverfahrensbeschleunigungsgesetz vom Oktober 2015 erlaubte, über sechs Monate hin die Asylsuchenden in Gemeinschaftsunterkünften ausschließlich mit Sachleistungen zu versorgen. Aufgrund des schier unmöglichen Aufwandes hat sich lange Zeit in der Praxis nicht viel an den Geldleistungen nach § 3 AsylbLG geändert, spätestens mit den Ankündigungen des sogenannten »Masterplanes Migration« 2018 wird die Forderung nach einer Vorrangigkeit von Sachleistungen jedoch wieder lautstark erhoben. Nach § 5a muss zudem Pflichtarbeit gegen »Aufwandsentschädigung« verrichtet werden.

Die Distribution von Nahrung kann nur als aporetische Praxis analysiert werden. Sie ist keinem exklusiven Konzept verpflichtet – hier trifft die Idee der Verteilungsgerechtigkeit auf Paternalismus, das Versprechen von Teilhabe auf die Verfeinerung von Grenztechnologie. Entsprechend komplex sind die Fragen, die die Verfahren der Rationierung aufwerfen. Wie wird verteilt und zugeteilt? Wer hat Anrechte und zu welchen Bedingungen? Welche Formen der Kontrolle werden ins Werk gesetzt? Welches Maß soll für Gerechtigkeit sorgen? Welche Utopien begleiten ökonomische Modelle, in deren Zentrum nicht der Markt steht? Und schließlich: Wie funktionieren die Medien, die die Verteilung regeln? Denn vom papiernen Lebensmittelgutschein bis zum virtuellen Kredit, der über das Mobiltelefon abgerufen werden kann, operieren sie jenseits traditioneller Kurswerte: Es sind ökonomische Medien jenseits des Geldes.

Gemeinsam verfasst, untersucht der vorliegende zweite Band der *ilinx.-kollaborationen* die Praktiken und Rhetoriken der Zuteilung gleicher Rationen. Wir folgen den Verwaltungsakten der Rationierung, indem wir die Objekte und Geschichten untersuchen, die für sie konstitutiv sind. Dabei fragen wir danach, welche Praktiken und Imaginationen Rationierung hervorbringt, aber auch, welche Auskunft die Objekte und Geschichten selbst über die Rationierung geben. Die Kollaboration ist vor diesem Hintergrund multiperspektivisch nicht nur in dem Sinne, dass unterschiedliche Wissenschaftler/innen dieses Buch gemeinschaftlich verfasst haben, sondern auch im Sinne der disziplinären Blickwinkel, die Methoden der Kultur- und Literaturwissenschaft sowie der historischen Epistemologie umfassen. Die Wirtschaftswissenschaft der jüngeren Zeit hat der Rationierung verhältnismäßig wenig Aufmerksamkeit geschenkt, was vor dem Hintergrund ihrer stark marktwirtschaftlichen Orientierung vielleicht wenig überraschend ist. Doch auch die historische Forschung ist von Fallstudien dominiert, die wir um eine stärker theoretisch-systematische Perspektive erweitern möchten. In den Literaturwissenschaften schließlich wird die Ökonomie viel diskutiert, Arbeiten zu Rationierung und Literatur sind jedoch rar. Vergleichbar wenig thematisiert das entstehende Forschungsfeld der ökonomischen Praktiken oder der *Cultures of Economics* die Verteilungsfrage,[003] womöglich weil sich die nicht-marktwirtschaftliche Distribution im Spannungsfeld von staatlicher Einflussnahme und Selbstorganisation abspielt.

Unsere Analyse der Rationierung profitiert von den Arbeiten zur Geschichte der Quantifizierung: Die Aufteilung in numerisch bestimmbare gleiche Anteile ist für Verfahren der Allokation, hier: insbesondere im Sinne der Zuweisung von Gütern und Ressourcen zu Personen, zentral. Insgesamt nehmen numerisch gestützte Prozesse (Rankings, Indizes, Statistiken, Listen) seit der Industrialisierung zu und üben zunehmenden Einfluss aus – Wendy Espeland und Mitchell Stevens sprechen von einer »tendency of quantification to remake what it measures«.[004] An der Lebensmittelkarte, die in Frankreich 1940 eingeführt wurde, hat Bernard Le Marec beispielsweise gezeigt, dass sie sechs verschiedene Kategorien von Personen definiert, die je nach Alter und Bedeutung des Berufes unterschiedlich alimentiert zu werden hatten – unter kontrafaktischer Beteuerung der Gleichheit aller Franzosen.[005] Mit Simmel verweisen Espeland und Stevens auf die stetige Zunahme numerischer Äquivalente, die *commensuration* ermöglichen und herausfordern. Qualitative Beziehungen werden in quantitative überführt, was neue soziale Strukturen ermöglicht. Oftmals erleichtern die numerisch bezifferbaren Verhältnisse Normierung, Hierarchisierung und Kontrolle. Die umfassende Administration von Lebensmitteln soll als die Etablierung eines solchen quantitativ organisierten Systems in den Blick genommen werden. Es sind jedoch nicht nur zentralistische Verwaltungen, die sich dieser Grammatik bedienen: Auch Bottom-up-Prozesse rekurrieren auf diese Elemente.

Insgesamt gilt es, Rationierung als eine Praxis der Quantifizierung zu denken, die qualitative Effekte hat. Rationierung erzeugt – insbesondere vor dem Hintergrund der Tatsache, dass sie vor allem unter Bedingungen der Knappheit einsetzt – eigene Problemfelder. Ihre Verteilungssysteme definieren soziale Gruppen und Akteure und bringen diese mit hervor. Umgekehrt bestimmen sie die gesellschaftliche Funktion einzelner Güter und Dienstleistungen, weil sie zumeist nur einen Teil derselben in ihr System einbeziehen und von frei zugänglichen Waren unterscheiden. Rationierung leistet damit weit mehr als Verteilung: Sie erzeugt Ordnungen und Strukturen des Sozialen.

Ein weiterer Punkt war für unsere Überlegungen zur Rationierung entscheidend. In den verschiedenen Fallstudien zur Nahrungsmittelallokation hat sich auf je spezifische Weise immer wieder gezeigt, dass ökonomische Allokation und ihre Imaginationen untrennbar miteinander verwoben sind: Narrationen sind Bestandteil der Verteilungsmedien. Sie gehen ihnen umso weniger akzidentiell voraus, als Währungen stets sozial konstituiert werden müssen und den entschlossenen Gebrauch der Mehrheit erfordern. Das Verhältnis von Fiktion und Ökonomie lässt sich nicht auf die Abbildung wirtschaftlicher Prozesse und Effekte in literarischen Texten reduzieren. Für unsere Analysen von Rationierungsverfahren sind literarische Texte daher ebenso wenig schmückendes Beiwerk wie allwissendes Korrektiv: Literatur wird keine geheime Wahrheit ökonomischer Systeme ans Licht bringen – wohl aber kann sie ihre Einbindung in benachbarte Diskurse, ihre impliziten Bedingtheiten und ihre Utopien beleuchten. Literatur gibt keine unvermittel-

003 Katrin Solhdju/Karin Harrasser: »Wirksamkeit verpflichtet. Herausforderungen einer Ökologie der Praktiken«, in: *Zeitschrift für Medienwissenschaft* 14 (2016): Medienökologien, hg. v. Petra Löffler/Florian Sprenger, S. 72–86; Astrid Deuber-Mankowsky/Christoph F.E. Holzhey (Hg.): *Situiertes Wissen und regionale Epistemologie. Zur Aktualität Georges Canguilhems und Donna J. Haraways*, Wien 2013. Zum Begriff der ökonomischen Praktiken vgl. Anna Echterhölter: »auftakt. Ökonomische Praktiken«, in: *ilinx – Berliner Beiträge zur Kulturwissenschaft* 3 (2013): Ökonomische Praktiken, hg. v. dies./Dietmar Kammerer/Rebekka Ladewig, S. VII–XXX; Monika Dommann/Daniel Speich Chassé/Christof Dejung (Hg.): *Auf der Suche nach der Ökonomie. Historische Annäherungen*, Tübingen 2014.

004 Wendy Nelson Espeland/Mitchell L. Stevens: »A Sociology of Quantification«, in: *European Journal of Sociology* 49/3 (2008), S. 401–436, hier S. 431; Elena Aronova/Christine von Oertzen/David Sepkoski: »Introduction: Historicizing Big Data«, in: *Osiris* 32 (2017), S. 1–20.

005 Bernhard Le Marec: *La France rationnée. Histoire illustrée des restrictions (1940–1949)*, Paris 2012, S. 11.

ten Einblicke in Gefühlslagen, Motivationen und Affekte der Subjekte, die in ökonomische Systeme eingebunden sind – wohl aber lässt eine Analyse ihrer Darstellungsmodi hervortreten, wie diese Subjektpositionen überhaupt etabliert, wie Akteure eingebunden, ihre Handlungsmöglichkeiten erweitert oder beschnitten werden. Ökonomie wie Literatur arbeiten mit bedeutungsgenerierenden Verfahren, erzeugen Referenz oder schreiben Werte zu. Nebeneinander gestellt lassen diese Zeichenpraktiken ihre – mal verwechselbar ähnlichen, mal abweichenden – Verfahren deutlicher sichtbar werden.

Die Aporien der Rationierung werden in Argentinien, Österreich, Dänemark/Russland und Jordanien in spezifischen historischen Situationen beobachtet, wobei Literatur und Rationierungsmarken den Ausgangspunkt bilden. Es geht um essbare Währungen, durchsichtig werdende Markengewebe, unerreichbare Fahrkarten und digitale Rationierungstechniken. Mit Warlam Schalamows »Schocktherapie« (1956) ist eine Erzählung aufgenommen, die in ihrer lakonischen Prosa sprachliche und ökonomische Knappheit verbindet und die Gewaltsamkeit von Zuteilungspolitiken unter den Bedingungen des Lagers aufzeigt. Der zweite Materialtypus – die Medien der Verteilung – ist zusätzlich als Bildstrecke dokumentiert. Die unterschiedlichen Rationierungsanalysen verbindet ein Fokus auf die ökonomischen Praktiken und die jeweils poetisch verfasste Wirksamkeit der Institution Rationierung. Neben den Widersprüchen, die der Anspruch auf Gleichverteilung produziert, trat wiederholt das Motiv der Unheimlichkeit, Unzuverlässigkeit und Scheinhaftigkeit hervor.[006]

Rationierung, ökonomisch

Während der Wirtschaftswissenschaftler Manfred Tietzel unter Rationierung allgemein die Verfahren versteht, »mit deren Hilfe den einzelnen Gruppenmitgliedern die Verfügung über begrenzte Mittel zugeteilt wird«, und den Markt als einen dieser »Rationierungsmechanismen«[007] bezeichnet, hat die Gegenüberstellung von Markt und Rationierung die längere Tradition. So hält der ungarische Ökonom János Kornai fest: »The very term rationing means *allocation according to nonprice criteria*.«[008] Rationierung unterscheidet sich also von marktorientierten Praktiken dadurch, dass sie Auswahlkriterien für die Allokation von Gütern oder Dienstleistungen einführt, die den Preis ersetzen sollen. Was die Rationierung als Möglichkeit enthält, ist eine Allokation, die von individuellen Leistungen des Konsumenten absieht und für jede Person mit gleichem Recht angewandt wird. Gleiche Quantitäten sollen gerechte Verteilung erzeugen – eine Behauptung, mit der das System (anders als die Marktallokation) stetigen Widerspruch provoziert. Es finden sich zudem schnell hierarchische und hierarchisierende Formate der Zuteilung ein: Kornai, der selbst aus einer liberalen Perspektive der Kritik des real existierenden Sozialismus schreibt, nennt als Beispiele solcher Kriterien die Dringlichkeit des Bedarfs, Verdienst, familiären Hintergrund, sozialen Status, politisches Verhalten, persönliche Verbindungen zu oder Verwandtschaft mit dem Allokator, Gegenleistungen oder Korruption.[009] Gemeinsam ist diesen wirtschaftswissenschaftlichen Definitionen, dass sie von einer Situation der Knappheit ausgehen, der durch einen vom Markt abweichenden Allokationsmechanismus begegnet wird. Dieser kann zusätzlich und für Teilbereiche eingeführt werden und so die Grenzen des Marktes beschreiben.

Gleichzeitig verbindet sich mit der Rationierung ein utopisches Potenzial: Felix Wemheuer hat am chinesischen Beispiel nachgezeichnet, wie alt die Vorstellung kostenlos verteilten Essens ist, und hat die sozialistische Kollektivierung der Küchen und die umfängliche Rationierung der gesamten Bevölkerung deshalb als ein Hauptprojekt des Sozialismus geschildert – auf dem Weg zu einer bedürfnisgemäßen, geldlosen Verteilung.[010] In anderen Kontexten – etwa in der Katastrophenhilfe – stellt Rationierung eine unkonditionale Bestätigung der Grundrechte dar. Die Ethnologin Mary Douglas geht an dieser Stelle so weit, das Geld als fließendes Medium der freien Zirkulation infrage zu stellen:

»But confusingly this opposition of money and coupons in their basic nature is lost in their actual functioning at any time. For money can be used as an instrument of control, closing doors and blocking outlets for individual energies, while coupons can easily come to represent purchasing power[.]«[011]

In der Situation der Knappheit ist nicht die Rationierungsmarke das hemmende, paternalistische und blockierende Instrument, sondern das Geld. Seine Kaufkraft kann sich als unzuverlässig erweisen, wenn es um die Überlebenssicherung geht, insbesondere da Inflation und Deflation oft Auslöser der Mangelsituation sind. Die stoffbasierten Rationierungsmarken sichern den Zugang zum Material zuverlässiger als die wertbasierten Geldzeichen.

Gerade die Tatsache, dass Rationierung die Allokation von Gütern und Dienstleistungen nicht gemäß dem liberalen Paradigma des Preises vollzieht, sondern bei der Verteilung anders, nämlich enger an körperlichen Bedürfnissen und sozialen Normen ansetzt, bedingt ihre Bedeutung für die hier unternommene Analyse der grundlegend abweichenden Rezeption von Marken im Vergleich zum Geld. Denn diese von der Verwaltung festgesetzten Allokationskriterien verbinden ökonomische Praktiken mit Vorstellungen, welche die

006 Die Gespenster des Mangels wären deshalb einzureihen in die ökonomischen Monster, die üblicherweise mit dem Kapitalismus verbunden werden. Vgl. z. B. *Zeitschrift für Kulturwissenschaft* 2 (2017): Monster und Kapitalismus, hg. v. Till Breyer/Rasmus Overthun/Philippe Roepstorff-Robiano/Alexandra Vasa; Ute Holl/Claus Pias/Burkhardt Wolf (Hg.), *Gespenster des Wissens. Für Joseph Vogl*, Zürich, Berlin 2017.

007 Manfred Tietzel, Vorwort, in: ders. (Hg.): *Ökonomische Theorie der Rationierung*, München 1998, S. V—VI, hier S. V.

008 János Kornai: *Economics of Shortage*, Bd. B, Amsterdam/New York/Oxford 1980, S. 421. Zur älteren ökonomischen Diskussion vgl. James Tobin: »A Survey of the Theory of Rationing«, in: *Econometrica* 20/4 (1952), S. 521—553; Hans P. Neisser: »Theoretical Aspects of Rationing«, in: *The Quarterly Journal of Economics* 57/3 (1943), S. 378—397; Arnold C. Anderson: »Food Rationing and Morale«, in: *American Sociological Review* 8/1 (1943), S. 23—33; August Skalweit: *Deutsche Kriegsernährungswirtschaft*, Stuttgart 1927 (= Wirtschafts- und Sozialgeschichte des Weltkrieges, hg. v. James T. Shotwell).

009 Kornai, *Economics of Shortage*, S. 421.

010 Felix Wemheuer: »Dining in Utopia. An Intellectual History of the Origins of the Public Dining«, in: ders./Matthias Middell (Hg.): *Hunger and Scarcity under State-Socialism*, Leipzig 2012, S. 277—303.

011 Mary Douglas: »Primitive Rationing. A Study in Controlled Exchange«, in: *Themes in Economic Anthropology*, hg. v. Raymond Firth, London 1967, S. 119—146, hier S. 121.

Gesellschaft als ganze betreffen. Zudem sind Divergenzen zwischen den tatsächlich implementierten Maßnahmen und ihrer offiziellen Rhetorik entscheidend, da sich hier aufzeigen lässt, wie eng die legitimatorischen Erzählungen mit den politischen Maßnahmen verknüpft sind. Rationierung tritt insbesondere in Situationen des Mangels auf, die vitale Grundbedürfnisse betreffen. Sie zielt auf den Bereich der Reproduktion des Lebens und ist insofern ein biopolitisches Instrument ersten Ranges.[012]

Rationierung, historisch

Die Entstehung von Strategien der Ernährung ganzer Bevölkerungen über Lebensmittelmarken wird meist auf den Ersten Weltkrieg datiert. Die Praxis geht aus dem Management von Belagerungszuständen hervor, in denen das Militär von jeher die Versorgung der Zivilbevölkerung übernommen hatte. Eine zweite Herkunft ist in den karitativen Institutionen zu sehen, welche die Nahrungssicherheit für Schichten sicherstellen, die sie durch diese Geste mit konstituieren.[013] Als wichtiger Vorläufer muss auch die Landnahme in den Vereinigten Staaten gelten, die bisher in der Rationierungsgeschichte übersehen wurde: In den zugewiesenen Reservaten wurden den First Nations dauerhaft Essensrationen in Aussicht gestellt (Abb. 1). Die Umsiedlungswellen der 1830er Jahre waren vom manifesten Zwang des Nahrungsmangels begleitet, da die ökonomische und ökologische Grundlage der Menschen wegbrach. Einige Gruppen verhandelten die Alimentierung hart und konnten so im Bereich einzelner Güter neue Einnahmequellen sichern. Die Shawnee, die aus Ohio vertrieben wurden, umgingen die Agenten der Regierung mit ihren Maßen und wählten eigene Verteilungsoffiziere, die nach Bedürfnis zuteilten.[014]

Die Härten der bürokratischen Allokation zeigen sich insbesondere an den Ausgrenzungen, also da, wo Rationen nicht gewährt werden, etwa im Zusammenhang mit der rassistischen Ernährungspolitik des »Dritten Reiches«.[015] In der Reaktion auf Hungerkatastrophen und die unregierbaren Kornmärkte kommt es jedoch auch innerhalb von auf Egalität angelegten Rationierungsmaßnahmen zu Menschenrechtsverletzungen.[016]

Zu den berüchtigten Rationierungsprogrammen gehört die Temple-Ration, benannt nach dem britischen Statthalter in Indien, Sir Richard Temple.[017] Unter seiner Ägide wurde während der Madras Famine 1877 Essen nur an arbeitswillige und noch arbeitsfähige Bedürftige vergeben. Dies wird auf die Lehren von Thomas Malthus zurückgeführt, der bis 1834 am britischen Haileybury College zur Ausbildung von Kolonialbeamten beigetragen hatte und dessen Lehren immer noch nachwirkten. Immer wieder lässt sich anhand der Marken die Spannung zwischen dem Grundrecht auf Subsistenz und den Kategorien der Leistung und des Lohns feststellen. Die Rationierung ist jedoch grundsätzlich von Formen der Lohnzahlung zu unterscheiden. Rationen werden nicht verdient, sie werden zugeteilt. Ihnen kommt damit je nach Setting ein stärkerer oder schwächerer Gabencharakter zu. Die Rationierung steht bemerkenswerterweise in einer langen Tradition unkonditionaler Verteilung, die zumeist keine Gegenleistung in Form von Arbeit erfordert. Mit James Vernon ist festzuhalten, dass, global gesehen, Knappheit der Subsistenzmittel seit dem 18. Jahrhundert keine Grundbedingung der Existenz mehr zu sein hätte.[018] Nahrung wird seither ausreichend produziert. Hunger wechselt in diesem Moment das Register und wird zu einem Mangel an Rechten (*entitlements*).[019]

Die Rationierung bietet die Möglichkeit, Ernährung nicht nur von der Physiologie und Metrologie her zu betrachten, sondern die Frage der Verteilung vitaler Materialien zu verfolgen. Jane Guyer – Afrikanistin und Wirtschaftsethnologin – situiert die Lebenmittelrationierung nicht in der Tradition militärischer Praktiken, sondern in der Tradition der Marktregulierung.[020] Sie unterscheidet drei Modelle, wie Nahrungsverteilung öffentlich legitimiert wurde. Das Reinheitsmodell der Nahrungsregulierung kreist um die Idee des rechten Maßes. Als Zwillingskonzept des ›gerechten Preises‹ entnimmt sie die Vorstellung mittelalterlichen Rechtsdokumenten wie den britischen *Assizes of Bread*. Das rechte Maß, das anders als im *Homo-mensura*-Satz ökonomisch gedacht ist, verknüpft sich mit Ideen von Reinheit und Einheitlichkeit des Materials. Entsprechend erhalten alle Bürger identische Anteile. In Guyers Periodisierung reichen diese Vorstellungen bis ins 18. Jahrhundert zurück. Ab diesem Zeitpunkt interveniert der Staat in den Markt aus Gründen der diagonal strukturierten Wohlfahrt: »Welfare replaced purity as the operative regulatory concept«.[021] Das dritte Modell schließlich, das die karitativen Ideen ablöst, ist von komplexen volkswirtschaftlichen Rechnungen strukturiert. Die Problematik der Ernährung und Verteilung wird der Öffentlichkeit als unlösbares Problem vorgelegt, was die Konsumenten in die Perspektive und Verantwortlichkeit der Regenten zwingt: eine der wichtigsten Positionen des Neoliberalismus.

012 Zu Biopolitik vgl. Michel Foucault: *Sexualität und Wahrheit*, Bd. 1: *Der Wille zum Wissen*, übers. v. Ulrich Raulff/Walter Seitter, Frankfurt a. M. 1986, hier S. 161–190; Michel Foucault, »Vorlesung vom 7. Januar 1976«, in: ders.: *In Verteidigung der Gesellschaft: Vorlesungen am Collège de France (1975–1976)*, übers. v. von Michaela Ott, Frankfurt a. M. 1999, S. 7–30; Michel Foucault: »Vorlesung vom 17. März 1976«, in: ebd., S. 276–305.

013 Keith Allen: »Sharing Scarcity. Bread Rationing and the First World War in Berlin, 1914–1923«, in: *Journal of Social History* 32/2 (1998–1999), S. 371–393; Ina Zweiniger-Bargielowska: *Austerity in Britain. Rationing, Controls, and Consumption, 1939–1955*, Oxford 2000; Matthias Middell/Felix Wemheuer (Hg.): *Hunger and Scarcity under State-Socialism/Hunger und Knappheit im Staatssozialismus*, Leipzig 2012; Lizzie Collingham: *The Taste of War. World War Two and the Battle for Food*, London 2011.

014 Tony R. Rose: »Food«, in: *Encyclopedia of American Indian Removal*, hg. v. Daniel F. Littlefield/James W. Parins Garidner, Bd. 1, Santa Barbara 2011, S. 81–82, hier S. 82.

015 Christian Gerlach: *Kalkulierte Morde. Die deutsche Wirtschafts- und Vernichtungspolitik in Weißrußland 1941–1944*, Hamburg 1999.

016 Felix Wemheuer: *Famine Politics in Maoist China and the Soviet Union*, New Haven 2014; James Vernon: *Hunger. A Modern History*, Cambridge, Mass. 2007; Monika Dommann: »Wertspeicher. Epistemologien des Warenlagers«, in: *Zeitschrift für Medien- und Kulturforschung* 12 (2012), S. 32–50; Janet Poppendieck: *Breadlines Knee-Deep in Wheat. Food Assistance in the Great Depression*, Berkeley 2014.

017 Mike Davis: *Late Victorian Holocausts*, London 2001, S. 39 f.; Anindita Nag: *Managing Hunger. Famine, Science, and the Colonial State in India, 1860–1910*, Los Angeles 2010.

018 Vernon, Hunger, S. 5. Vgl. auch Nicholas Xenos: *Scarcity and Modernity*, London 1989; Lyla Mehta (Hg.): *The Limits to Scarcity. Contesting the Politics of Allocation*, London 2010; Maria Grewe/Markus Tauschek (Hg.): *Knappheit, Mangel, Überfluss. Kulturwissenschaftliche Positionen zum Umgang mit begrenzten Ressourcen*, Frankfurt a. M. 2015; *Zeitschrift für Kulturwissenschaften* 1 (2011): Knappheit, hg. v. Maren Möhring/Erhard Schüttpelz/Martin Zillinger.

019 Amartya Sen: *Food, Economics, and Entitlements*, Helsinki 1987.

020 Jane I. Guyer: »›Toiling Ingenuity‹. Food Regulation in Britain and Nigeria«, in: *American Ethnologist* 20 (1993), S. 797–817.

021 Ebd., S. 804.

Die Logistik, Bürokratie und Kostspieligkeit der Rationierung legen einen obrigkeitlichen Zug nahe. Hauptakteure sind und waren Agrar- und Innenministerien, internationale Organisationen und NGOs. Selbstorganisation im Bereich der Nahrungsmittelsicherheit nimmt seltener institutionelle Züge an. Umso bemerkenswerter sind die Eigeninitiativen, über die sich Belege finden lassen. So ist an die europaweit verbreiteten Konsumvereine der Genossenschaftsbewegung des späten 19. Jahrhunderts zu erinnern. Deren nahrungsspezifische Markensysteme entwickelten sich z. B. in Preußen zu regelrechten Geldern. Die gegenseitige Sicherung der Subsistenz erzeugte ein Zeichensystem, das durch die Anerkennung der Vielen zu einem gängigen Tauschmittel wurde (Abb. 8). Zu den neuerdings wieder bemerkbaren Entwicklungen zählen überdies Tauschringe und Zeitbanken sowie alternative Währungen und LETS (*local exchange and trading systems*), die von den digitalen Formaten begünstigt werden.[022]

Bedeutet dies ein Mehr an Gestaltbarkeit oder greift auch hier eine neue Omnipotenz der Verwaltung? In welchem Verhältnis steht die numerische Evokation konkreter Dinge durch Wertmarken zum radikal zeitlichen Charakter des Essensvorgangs? Sind die gespenstischen Figuren, die die Texte über Rationierung beständig heimsuchen, Effekte der Undurchschaubarkeit verwaltungs- oder finanztechnischer Manöver? Oder sind die Wiedergänger Marker für die Unerklärlichkeit von Hunger in einer Welt, in der faktisch genügend Nahrung vorhanden ist? Wie steht es unter heutigen Bedingungen mit dem Protest gegen die Grundsätze der Allokation, den die Rationierungssysteme mit ihrer behaupteten Gleichverteilung im Gegensatz zum Markt stets auf sich zogen? Angesichts der konstatierten Renaissance der Rationierung gilt es zu fragen, welche Topoi der Rationierung sich in Zukunft weiter finden lassen und welche in den Hintergrund treten – Überlegungen, zu denen die folgenden Kapitel anregen möchten.

Hendrik Blumentrath
Anna Echterhölter
Frederike Felcht und
Karin Harrasser

In meiner Kindheit begegnete ich allerorten einer angeblichen »Weissagung der Cree«: »Erst wenn der letzte Baum gerodet, der letzte Fluss vergiftet, der letzte Fisch gefangen ist, werdet Ihr feststellen, dass man Geld nicht essen kann.« Diese Weissagung – nichts deutet im Übrigen darauf hin, dass sie tatsächlich indigenen Ursprungs ist, viel darauf, dass sie eine Rückprojektion der destruktiven Naturaneignung im Zuge der Kolonialisierung ist – war in Form eines prägnanten Aufklebers auf Armaturenbrettern, Fahrrädern und in Toiletten des »alternativen« Milieus meiner Eltern angebracht und kondensierte das Credo einer konsumkritischen Ökobewegung. Dass diese Bewegung nicht zuletzt aufgrund der optimalen Vermarktbarkeit von Bioprodukten hegemonial werden konnte, steht hier nicht zur Debatte, sondern, in welchem Spannungsverhältnis Konsum und Geld stehen und wie sich dieses in zugeschriebenen oder tatsächlichen außereuropäischen ökonomischen Praktiken ausbuchstabiert. Das Spannungsverhältnis zwischen der Notwendigkeit zu essen und all dem, was ein individuelles Leben übersteigt, erweitert, bedingt, haben Sozial- und Kulturanthropologie viel weiterführender untersucht als die ökonomische Theorie. All jene materiell-semiotischen Akteure, die ein Einzelleben hervorbringen, flankieren, formen; von den Eltern (der Genealogie) über das kulturelle und ökologische Umfeld bis hin zu Institutionen (von der Geburtsklinik bis zum Staat), all diese Teilhaber oder Anteilseigner eines individuellen, endlichen Lebens sind in den ethnologischen Geldtheorien um einiges präsenter als in der Fachwissenschaft Ökonomie. Und Geld – das ist inzwischen vielfach gezeigt worden – verweist auch in seiner profanierten, technischen Form immer noch auf diese multiplen Bindungen zurück.[023] Neben Ökoapokalyptik und rousseauschem Exotismus wird deshalb vielleicht in dem Aufkleberspruch noch etwas anderes hörbar: die tiefe Melancholie des Geldes, das eine Geschichte der Gewalt des ungleichen Tauschs in sich trägt, und eine von Hand zu Hand (oder inzwischen: von Serverfarm zu Serverfarm) gehende Erinnerung daran, dass jedes singuläre Leben begrenzt ist. Der Anthropologe Meyer Fortes hat zudem auf einen Umstand hingewiesen, der auf perplexe Art einleuchtend ist und deshalb mein Nachdenken über Geld und Konsum, und damit: über das Verhältnis von Rationierung und monetärem Imaginärem, grundiert hat. Er stellt nämlich fest, dass (menschliche) Aktivitäten in der Regel additiv, seriell oder kumulativ auf ihr soziales Umfeld bezogen sind und

022 Bill Maurer: »The Anthropology of Money«, in: *Annual Review of Anthropology* 35 (2006), S. 15—36, hier S. 19; Roger Lee: »Moral money? LETS and the social construction of local economic geographies in Southeast England«, in: *Environment and Planning* A 28 (1996), S. 1377—1294; Eric Helleiner: »Think Globally, Transact Locally. Green Political Economy and the Local Currency Movement«, in: *Global Society* 14(1)/3 (2000), S. 5—51; Wolfgang Hasselmann: *Berlin. Marken und Zeichen*, München 1987.

023 Vgl. Thomas Macho (Hg.): *Bonds. Schuld, Schulden und andere Verbindlichkeiten*, München 2014; Marcel Hénaff: *Le prix de la vérité. Le don, l’argent, la philosophie*, Paris 2002; David Graeber: *Debt. The First 5,000 Years*, Brooklyn, N.Y. 2011; Christina von Braun: *Der Preis des Geldes. Eine Kulturgeschichte*, Berlin 2012.

damit eine *Ausweitung* des Einzelnen darstellen, wohingegen essen jeder nur für sich selbst kann. Essen kann man nicht delegieren, es ist ein Vorgang der *Konzentration*.[024] Das heißt nicht, dass Einverleibungen nicht hochgradig kulturell, sozial und technisch vermittelt, in eine Vielzahl an kollektiven Handlungen und Wissensformen eingebunden wären und im Extremfall auch technisch durchgeführt würden. Es ignoriert auch nicht, dass im Akt der Essensaufnahme ein materieller Austausch in gewissermaßen kosmischem Ausmaß stattfindet (ohne Sonnenenergie kein Wachstum, keine Pflanzen, keine Tiere, keine Nahrungsmittel). Aber der Akt selbst ist strikt an den einen einzigen Organismus gekoppelt und deshalb nicht vermittelbar, mit der – freilich gewichtigen – Ausnahme der gemeinsamen Ernährung von Mutter und Kind.[025] Das Essen ist zudem ein hochgradig zeitkritischer Akt, es lässt sich nur begrenzt aufschieben und steht deshalb auf existenzielle Art in Spannung zu Vergesellschaftungsprozessen, die in der Regel eine Tendenz zur Verstetigung haben.

Ich möchte in diesem Text schrittweise verschiedenen Konzeptionalisierungen von Konsum und Knappheit, von Geld als Regulierungsinstanz und Machtinstrument nachspüren, um am Ende zu den Medien und Techniken der Rationierung (Marken, Gutscheine ...) zurückzukommen. Der Ausdruck 'Patakonomie ist an Alfred Jarry angelehnt. Seine 'Pataphysik sollte – in Erweiterung der Physik und in Abgrenzung zur Metaphysik – eine Disziplin sein, die sich mit Singularitäten statt mit Regelmäßigkeiten beschäftigt und mit dem Imaginären im vordergründig Rationalen. Als 'Patakonomie würde ich deshalb ein Interesse bezeichnen, das sich mit dem Überschüssigen, dem Unkonvertierbaren und Überraschenden im wirtschaftlichen Handeln beschäftigt, mit dem Ineinander von Nutzen und Unnützem, dem Destruktiven der Produktion und dem Produktiven der Konsumation. Die Leitfigur hierfür ist konsumierbares Geld bzw. solches, das enger an Produkte des Verzehrs gebunden ist als *general purpose money*, also Geld, das nicht in erster Linie der Sphäre des – wie auch immer frei imaginierten – Tauschs angehört, sondern einer Ökologie der Praktiken der Erhaltung und Formung des Organismus zugeordnet werden kann.[026]

Kakao. Moneda para tomar — Regulierung oder Verschwendung

Ein prägnanter Fall, in dem Konsum und Tauschäquivalent ineinanderblenden, war das mittelamerikanische Kakaogeld. Kakao war ein wichtiger Bestandteil des Rituallebens der Maya und der Azteken, er war Nahrungs- und Rauschmittel und eine Währung, die sehr lange Bestand hatte. Kakaobohnen waren bereits bei den Maya als Geld in Gebrauch und überdauerten die erste Phase der Kolonisierung. In Nicaragua war diese Währung bis ins 19. Jahrhundert hinein in Verwendung. Selbst in Linnaeus' wissenschaftlicher Bezeichnung *Theobrama cacao* klingt der indigene Gebrauch nach: Nahrung Gottes. Der gemeinschaftliche Konsum von Kakao (in Kombination mit Rauschmitteln) war Bestandteil der prachtvollen und verschwenderischen Feste am aztekischen Hof, die Hernán Cortés und Bernal Diaz de Castillo beschrieben haben, bevor die Eroberer die vorgefundene Kultur zerstörten. Diese Schilderungen waren die Grundlage für allerlei europäische Fantasien über indigenen Luxus.[027] Kakaobohnen wurden als Tribut an regionale und überregionale Herrscher abgeführt, die Produktion wurde lokal reguliert. Die Bohnen waren ein Alltagszahlungsmittel und wurden in abgezählten Mengen (24 000 Bohnen pro Sack) gelagert und zu einem relativ stabilen Kurs, der allerdings in Nähe und Distanz zu den Produktionsorten schwankte, gewechselt. Als generelles Tauschmedium waren die Kakaobohnen effizient: Sie hatten einen relativ hohen Tauschwert pro Masseteil, waren gut transportier- und teilbar, sie ließen sich relativ langfristig aufbewahren, konnten aber nicht unendlich lang gelagert werden, da sie irgendwann verderben; was – neben seinen nachwachsenden Qualitäten – die Liquidität des Kakaogelds erhöhte. Die Konsumierbarkeit galt den ersten europäischen Beobachtern als Vorteil, denn sie beugte dem Werteverfall vor. Unsicher wurde die Währung dann, wenn ein Herrscher, z. B. Moctezuma II., zu viele Bohnen in seinen Lagern hatte (es sollen eine Milliarde Bohnen gewesen sein) und sie aufgrund der drohenden Inflation weder konsumieren noch in Umlauf bringen konnte. Das Lob der Europäer überwog dennoch, wie die Beurteilung Peter Martyrs, des offiziellen Chronisten des Indienrats im 16. Jahrhundert, belegt, der allerdings nicht die Wertstabilität von Kakaobohnen hervorhob, sondern den durch Konsumierbarkeit und begrenzte Haltbarkeit bedingten Automatismus gegen das Horten von Geld: »Oh, blessed money which yieldeth sweete and profitable drinke for mankinde, and preserveth the possessors thereof free from the hellish pestilence of avarice because it cannot be long kept hid underground.«[028] Mit dem Eintreffen der Europäer stabilisierte sich die Bohnenwährung zusätzlich, da nun große Mengen Kakao nach Europa exportiert werden konnten und die Einlagerung nicht weiter den Wert gefährdete. Die von den Herrschern zur Stützung der Währung angelegten Lager wurden geräumt und zusätzliche Produktionskapazitäten geschaffen. Hernán Cortés ließ gleich nach seiner Ankunft in Mexiko 1519 eine Kakaoplantage anlegen, zunächst nicht für den Export, sondern um Geld zu züchten. Dadurch behielt der Kakao während der Kolonialzeit seinen Wert und war als Kleingeld von nicht geringer Bedeutung. Die Einführung der spanischen Silberwährung, des peso, stellte sich hingegen

024 Meyer Fortes: *Kinship and the Social Order*, Chicago 1969. Vgl dazu auch: Marilyn Strathern: *The Gender of the Gift. Problems with Women and Problems with Society in Melanesia*, Berkeley, Los Angeles, London 1988, S. 20.

025 Dass dieser Organismus wiederum selbst dividuell ist, insofern er sich aus diversen metabolischen Subsystemen zusammensetzt, berührt die folgenden Überlegungen nicht im Kern; obwohl man natürlich darüber spekulieren könnte, ob ein offensiverer Umgang mit dem Umstand der digestiven Kohabitation nicht auch Theorien des Konsums umorganisieren würde. Wenn nicht Menschen mit ihrem Willen es sind, die über Essenswünsche entscheiden, sondern ein Konglomerat aus menschlichem Organismus, Bakterien, chemischen Prozessen, Habitualisierungen, Wissensformen, wie müsste man dann eigentlich eine Konsumentscheidung beschreiben?

026 Zum Konzept der Ökologie der Praktiken von Isabelle Stengers vgl. Karin Harrasser/Katrin Solhdju: »Wirksamkeit verpflichtet. Herausforderungen einer Ökologie der Praktiken«, in: *Zeitschrift für Medienwissenschaft* 14 (2016), S. 72–86. Anna Echterhölter: »Im Zweistromland der Geldentstehungstheorie. Neutralität und quantifizierte Schuld bei Karl Polanyi und David Graeber«, in: Macho, *Bonds*, S. 343–365.

027 Vgl. dazu: Yolanda Gamboa: »Consuming the Other, Creating the Self. The Cultural Implications of the Aztecs Chocolate from Tirso de Molina to Augustín Moreto and Pedro Lanini y Sagredo«, in: Mindy Badía/Bonnie L. Gasior (Hg.), *Crosscurrents. Transatlantic Perspectives on Early Modern Hispanic Drama*, Lewisburg, PA 2006, S. 13–27.

028 Peter Martyr (orig. lateinisch) zit. n.: Paul Einzig: *Primitive Money in its Ethnological, Historical, and Economic Aspects*, Oxford, New York 1966, S. 175.

als kompliziert heraus (auch im Vergleich zu Gold, das in Mittelamerika als Tauschäquivalent in Gebrauch war), da Silber bis zur Ankunft der Europäer für Alltagsgegenstände, z. B. zur Besohlung von Sandalen, in Gebrauch war und wenig Prestige besaß.[029]

Peter Martyr erkannte Anfang des 16. Jahrhunderts in der Kakaobohnenwährung also weder Exzess und Luxus noch Primitivität, sondern ein quasiökologisches Prinzip der Selbstbeschränkung. Er kommentiert damit weniger die tatsächliche mittelamerikanische Praxis, in der sich Alltagskonsum, Ritual und Geldwert überlagerten und über die wir nur durch die Berichte von Cortés, Diaz und durch den Codex Mendoza Rudimentäres wissen, als den rasenden Umsatz von Edelmetallen, der Europa in Atem hielt. Geld – Gold und Silber – hatte in der Wahrnehmung vieler europäischer Beobachter einen unheimlichen Charakter angenommen: Die Edelmetalle kamen in großen Mengen über das Meer und verschwanden in kürzester Zeit in Kanälen jenseits staatlicher Kontrolle und jenseits des Wissenshorizonts des durchschnittlichen, aber auch des gelehrten Zeitgenossen. Die europäischen Herrscherhäuser, insbesondere die spanische Krone, waren chronisch knapp bei Kasse, da die Staatshaushalte, der Aufbau von Verwaltungssystemen und insbesondere die ständigen Kriege Unmengen an Geld verschlangen. Die Staatshaushalte der frühen Neuzeit finanzierten sich zwar zum Teil über Steuern, große Vermögen lagen jedoch in den Händen der Kirche, die steuerbefreit war, und – zunehmend – in den Händen von privaten Unternehmern. Um ihre riskanten Unternehmungen, z. B. die Ausstattung von Schiffen und die Kriege, finanzieren zu können, mussten die europäischen Herrscherhäuser auf private Bankhäuser zurückgreifen. Seit dem 12. Jahrhundert sind privates und staatliches Finanzwesen in Europa deshalb nicht mehr voneinander zu trennen. Joseph Vogl hat mit Blick auf diese Konstellation schlüssig aufgezeigt, dass moderne Staatlichkeit sich nicht *gegen*, sondern *mit* dem modernen Finanzsystem entwickelt hat.[030] Aufgrund der Verstricktheit der spanischen Volkswirtschaft mit Banken und Krediten war es phasenweise so, dass die Silberschiffe, die aus Südamerika kommend in Sevilla anlegten, bereits komplett verpfändet waren und die gesamte Ladung an Banken in Genua oder Augsburg ging. Obwohl Spanien zur Zeit der Habsburger über riesige Silbermengen verfügte, verhalf das dem Staat nicht zu Reichtum und einer stabilen Staatskasse. Und das, obwohl die spanische Krone über das Monopol der Silberförderung und des Handels mit Silber verfügte und über die Casa de Contratación die berühmte Silberflotte kontrollierte. Denn auch hier gilt: Die Verwaltung des riesigen Territoriums verschlang Unsummen, und Spanien war in diverse kriegerische Konflikte involviert, die teuer waren. Hinzu kam, dass der peso aufgrund der Flutung der Märkte mit Silber kontinuierlich an Wert verlor, zwischen 1540 und 1640 etwa 50% seines Werts. Die Steuereinnahmen waren außerdem nicht inflationsangepasst, d. h. die Krone nahm immer weniger ein, obwohl sie die gleiche Summe einzog. Dazu kam eine unüberblickbare Schattenwirtschaft. Offiziell kamen zwischen 1503 und 1660 181 t Gold und 16 887 t Silber in Spanien an. Wenn man versucht, die geschmuggelten und veruntreuten Beträge zu berücksichtigen, kommt man auf etwa 300 t Gold und 25 000 t Silber.[031]

Man versteht dann um einiges besser, warum Baltasar Gracián den Gold- und Silberregen aus der neuen Welt misstrauisch beäugte. Gracián, der gelehrte Jesuit, Autor von *Oráculo manual y arte de prudencia* (Handorakel und Kunst der Weltklugheit) von 1647, das noch lehr- und lernbare Regeln für eine Verhaltensorientierung in komplexen Verhältnissen formulierte, entwickelte in seinem Spätwerk *El Criticón* (1657) einen weit skeptischeren Blick auf die Möglichkeit rationalen Verhaltens, insbesondere dann, wenn es um ökonomisches Handeln geht.

Gemäß dem Konstruktionsprinzip der Schrift, in der ein Älterer einem Jüngeren Abläufe und Prozesse in Allegorien und Bildern deutet, wird recht schnell auch der Transatlantikhandel thematisiert; und zwar am Strand von St. Helena, einer wichtigen Zwischenstation der kastilischen Flotte, auch Stützpunkt des Sklavenhandels:

»Wie er das Wort *Meer* aussprach, richtete er die Augen darauf, und im gleichen Moment erhob er sich eiligst. Er blieb einen Augenblick unschlüssig und im Zweifel zwischen Erkennen und Nichterkennen, dann aber erhob er die Stimme, deutete hinaus und rief:

›Siehst du nicht, Andrenio, siehst du nicht? Schau dort hinaus, weit nach draußen. Was siehst du?‹

›Ich sehe‹, sagte dieser, ›ein paar Berge, die fliegen, vier geflügelte Seeungeheuer, wenn es keine Wolken sind, die da segeln.‹

›Nein, es sind keine Wolken, es sind nur Schiffe‹, sagte Critilo, ›wenn du sie auch ganz richtig Wolken genannt hast, lassen sie doch Gold auf Spanien regnen.‹«[032]

In der Korrespondenz von *nubes* und *naves* (Wolken und Schiffen) wird deutlich, dass die von Gracián vorausgesetzte unübersichtliche Dynamik »natürlicher Prozesse«, von denen schon früher im Buch die Rede ist, auch und gerade die Ökonomie betrifft und dass diese Unübersichtlichkeit und Nebelhaftigkeit sich mit der Ausdehnung des Reichs in die Neue Welt gesteigert hat.

Im zweiten Buch des *Criticón* ist ein ganzes Kapitel (die dritte Krisis) der katastrophalen Verschuldungslogik des Siglo de Oro gewidmet. Die Spekulanten befinden sich hier in goldenen Verliesen und haben ihre Zukunft bereits verspielt. Das *Criticón* ist ein Buch über die Entstehung des verschuldeten Menschen im Zeichen von Fluten von Silber und Gold, die nichts zur Ernährung des Einzelnen beitragen können. Es geht – nicht nur, aber auch – um die Entstehung eines Menschentypus, der versucht, über die Zukunft spekulativ zu verfügen, und sich dabei immer heftiger in die unübersichtliche Gegenwart verstrickt. Bemerkenswert für unseren Zusammenhang – die Frage nach nicht-markt-

029 Vgl. James C. Brevoort: *Early Spanish-Portuguese Coinage in America*, Boston 1885, S. 4—6.

030 Joseph Vogl: *Der Souveränitätseffekt*, Berlin, Zürich 2015.

031 Vgl. Stanley J. Stein/Barbara H. Stein: *Silver, Trade, and War. Spain and America in the Making of Early Modern Europe*, Baltimore 2000; Barbara H. Stein/Stanley J. Stein: *Edge of Crisis. War and Trade in the Spanish Atlantic. 1789—1808*, Baltimore 2009.

032 Baltasar Gracián: *Das Kritikon*, übers. v. Hans-Rüdiger Schwab, Frankfurt a.M. 2004, S. 55.

lich organisierter Allokation von Nahrung – ist, dass dieser Menschentypus als Untoter auftritt, der Geld isst und trinkt: »Inzwischen hat man schon Mittel und Wege gefunden, wie man das Gold trinkbar und essbar macht; [...] es hat auch schon einer die Kunst erfunden, wie man aus Dublonen Brühe macht, und man sagt, sie sei so deftig, dass man einen Toten damit aufwecken kann (denn dass sie das Leben verlängert, das ist doch wohl albern).«[033] Der Spekulant/Geldesser passt nicht länger in den Heilsplan, demgemäß er sich in der Gegenwart bewähren muss, um nach seinem Ableben ins Paradies einzugehen. Finanzspekulation mit ihrem Vorausgriff auf künftige Gewinne ist bei Gracián deutlich als Affront gegen die Providenz und eine Ethik des Aufschubs gekennzeichnet. Und – hier nähert sich Gracián einer messianischen politischen Theologie – produziert Gefangenschaft in der Gegenwart, ohne Hoffnung auf Erlösung. Außer, man fände doch noch einen Weg, Gold essbar zu machen.

Aztekische Verausgabung

Wenn Georges Bataille beinahe 400 Jahre nach Peter Martyr wieder auf die Azteken kommt, dann nicht wegen des von jenem gelobten ausgleichenden Charakters des Kakaogelds, nicht, um den spekulativen Modus moderner Ökonomie anzugreifen, sondern zur empirischen Unterfütterung seiner Ummünzung der Ökonomie zu einer 'Pataphysik der Verausgabung. Sein Vorschlag einer Allgemeinen Ökonomie ist als Antwort auf Theorien und Praktiken des Ökonomischen zu verstehen, die Knappheit und Nützlichkeitskalkül als Antriebskräfte des Wirtschaftsgeschehens verstehen. Und das meint zu seiner Zeit: die klassische Theorie effizienter Märkte und die marxistische Theorie bzw. den Kommunismus, dem Bataille vorwirft, das Nützlichkeitsparadigma zu verabsolutieren, statt es zu sabotieren. Abgeleitet von Marcel Mauss' *Essai sur le don*, diesen aber erweiternd und überziehend, entwickelte er eine ökonomische Theorie, die man 'pataphysisch nennen kann; eine ökonomische Theorie, die nicht in Knappheit, Konkurrenz und Arbeit gründet, sondern in Verausgabung und Verschwendung und der es darum geht, menschliches wirtschaftliches Handeln an kosmische Kreisläufe anzuschließen. Modell seiner Allgemeinen Ökonomie ist die Sonne, die sich unaufhörlich und unaufhaltsam verbrennt und verzehrt. Bataille geht von einer grundsätzlichen Überschüssigkeit des Lebendigen aus (was man im Bewegungsdrang der Tiere, in buntem Federkleid und dem Varitationsreichtum von Blüten usw. beobachten könne):

»Ich gehe von einer elementaren Tatsache aus: Der lebende Organismus erhält, dank des Kräftespiels der Energie auf der Erdoberfläche, grundsätzlich mehr Energie, als zur Erhaltung des Lebens notwendig ist. Die überschüssige Energie (der Reichtum) kann zum Wachstum eines Systems (zum Beispiel eines Organismus) verwendet werden. Wenn das System jedoch nicht mehr wachsen und der Energieüberschuß nicht gänzlich vom Wachstum absorbiert werden kann, muß er notwendig ohne Gewinn verlorengehen und verschwendet werden, willentlich oder nicht, in glorioser oder katastrophischer Form.«[034]

Er zieht hierfür sich selbst verschlingende Sterne, die »übertriebene« Herstellung von Leben im Tierreich, wie sie schon die Physiologen im 19. Jahrhundert begeistert hatte, und eben aztekische Mythen und Opferrituale heran. Aber auch die rituelle Vernichtung konsumierbarer Wertträger – etwa im Potlatch – nennt Bataille, um gegen Arbeit, Ehre und Pflicht als ethische Normen in die Schlacht zu ziehen. Dabei geht es immer um die Herstellung von Singularitäten im Austausch. Wie es im Kapitel über die Azteken heißt: »Ich gehe von folgendem Prinzip aus: Jene Bewegung, die Verschwendung hervorruft, ist sich keineswegs selbst gleich.«[035] Wirtschaftliches Handeln muss demgemäß schöpferischer Umgang mit dem Überschuss sein, analog zur poetischen Sprache, die aus dem Überschuss möglicher Kombinationen Neues schafft. Dieser Überschuss darf aber nicht sofort wieder eingehegt werden, etwa durch individuelle Akkumulation oder rationale Umverteilung, sondern soll im Ritual und im Mythos übersteigert werden, um den kosmischen Prozessen nahe zu kommen.

Batailles Version der aztekischen Ökonomie ist fraglos eine idealisierende, primitivisierende Darstellung derselben, aber eine Kampfansage an rationale Planungs- und Marktbeherrschungsideen ist seine Allgemeine Ökonomie nach wie vor. Er ist einer Figuration auf der Spur, die Wolfgang Schivelbusch jüngst herausgearbeitet hat: der Doppelfigur der »produktiven Konsumtion« und »konsumtiven Produktion«, die der globale Kapitalismus betreibe, aber unter der Hand neutralisiere bzw. naturalisiere.[036] Wie Bataille insistiert er, dass Vernichtung, Tod und Gewalt, dass Entropie, Abnutzung und Verfall nicht aus der Welt zu schaffen sind, dass es aber genau deshalb darauf ankommt, dafür Symbolisierungen und Figurationen zu finden. Eine Annäherung von *consumable* und Tauschmittel kann so eine autoreflexive Schleife in Gang setzen, die die Gewaltverhältnisse, beispielsweise die globale Ungleichverteilung von Leben und Tod, zumindest sichtbar macht.

Don DeLillos Roman *Cosmopolis* (2003) treibt diese autoreflexive Schleife weiter. Der Roman, in dem er den Wallstreet-Broker Eric Packer einen Tag mit einer Limousine durch New York fahren lässt, bis er am Ende durch den unaufhaltsamen Wertanstieg des Yen ruiniert ist, ist mit einer Gedichtzeile aus Zbigniew Herberts Gedicht »Bericht aus einer belagerten Stadt« überschrieben: »Eine Ratte wurde zur Währungseinheit.« Herberts Gedicht handelt von einer postapokalyptischen, seit Jahrzehnten oder Jahrhunderten belagerten Stadt, in der nur noch Tod herrscht. Es bleibt aber unklar, weshalb die Ratte zur Währungseinheit geworden ist: als Jagdtrophäe, als Nahrungsmittel? Im Gedicht werden leere Lagerhäuser erwähnt, also eine Situation der Knappheit. So oder so steht die Ratte für Nahrungsmittelkonkurrenz, für Verfall, für Krankheit und Tod. In DeLillos Roman werden tote Ratten zur Waffe des antikapitalistischen Widerstands umcodiert. Sie werden von den Demonstranten als symbolische Waffe gegen die Superreichen eingesetzt.

033 Ebd., S. 363.

034 Georges Bataille: *Die Aufhebung der Ökonomie. Der Begriff der Verausgabung. Der verfemte Teil. Kommunismus und Stalinismus*, München 1975, S. 45.

035 Ebd., S. 72.

036 Wolfgang Schivelbusch: *Das verzehrende Leben der Dinge. Versuch über die Konsumtion*, München 2015.

Die toten Ratten bringen hier nicht mehr die Pest; aber sie tauchen genau da auf, wo die Aufwärtsbewegung einer Währung zu einer einzigen, ruinösen Abweichung geworden ist. Packer scheitert, weil er trotz hochgradig leistungsfähiger, natürliche Wachstumszyklen simulierender Methoden der Risiko- und Wahrscheinlichkeitskalkulation den Höhenflug des Yen nicht vorhergesehen hat. Die Ratte ist der Indikator dieser Anomalie, analog zur asymmetrischen Prostata des Protagonisten. Die Ratte als Katastrophenindikator ist ein geradezu ideales Wappentier für Währungsspekulationen.

Sie wäre aber auch ein gutes Wappentier der 'Patakonomie: die Ratte als Indikator für das Singuläre, die Krise, das Unbeherrschbare, das Überschüssige im wirtschaftlichen Handeln. Der Nomos des Unwahrscheinlichen und Singulären als Gegenprogramm zum Nomos des gut eingerichteten Hauses (Ökonomie) mag als künstlerisches Projekt, als Projekt der Kritik an dominanten Rationalitätsformen wie bei Jarry und Bataille wichtig gewesen sein. Als technisch und politisch implementierter Diskurs ist er aber hochgradig bösartig und gnadenlos. Die richtige Vorhersage des Unwahrscheinlichen, der Krise würde den ultimativen Börsengewinn generieren; ein finanzwirtschaftlicher Potlatch sondergleichen.

Patacones. Konsum, Krise und das monetäre Imaginäre

Patacones sind aus *plátanos* hergestellte, doppelt frittierten Fladen. Der patacón bezeichnet außerdem eine argentinische Ersatzwährung, die zwischen 2001 und 2006 in Gebrauch war, als das Land in seiner bislang tiefsten Finanzkrise steckte. Die patacones waren eine Krisenwährung, eine Antwort auf den Staatsbankrott. Patacones Nr. II sind mit 7% verzinste Anleihescheine, die in der Provinz Buenos Aires zur Begleichung der Löhne der öffentlichen Angestellten ausgegeben wurden, zunächst gegen den Widerstand der potenziellen Bezieher. Patacones Nr. II konnten verwendet werden, um Steuern und andere Abgaben zu bezahlen, wurden aber in der Hochzeit der Krise in Buenos Aires und in den angrenzenden Regionen als Zahlungsmittel für fast alle Waren akzeptiert.

So gab es selbst bei McDonald's eine »Patacombo«, und man konnte sogar Autos mit patacones erwerben. Der patacón war eine Komplementärwährung zum argentinischen Peso, der aufgrund seiner 1:1-Bindung an den Dollar die katastrophale Gesamtwirtschaftslage an zentraler Stelle mitverursacht hatte. Aufgrund der Bindung an den Dollar waren – erstens – argentinische Waren in den Jahren vor dem Staatsbankrott auf dem Weltmarkt überteuert, was zu einer ständig negativen Handelsbilanz führte. Damit kam es – zweitens – zu steigenden Staatsschulden, um diese auszugleichen. Diese Kredite wurden aufgrund der schlechten Prognosen für die argentinische Wirtschaft immer teurer, die Staatsverschuldung stieg weiter. Und – drittens – verlor der Peso in der argentinischen Bevölkerung zunehmend Vertrauen; viele versuchten, ihr Vermögen in US-Dollars umzuwechseln, was die Abwärtsspirale des Peso noch verstärkte. All dies führte dazu, dass Argentinien Ende 2001 den Staatsbankrott erklären musste; dazu, dass großflächig Konten eingefroren wurden und phasenweise überhaupt keine argentinischen Pesos mehr im Umlauf waren. In dieser Situation traten die patacones (ihr offizieller Name lautet: »Letra de Tesorería para Cancelación de Obligaciones de la Provincia de Buenos Aires«) auf den Plan, neben anderen Krisenwährungen, wie etwa dem crédito, den eine Assoziation von Tauschringen ausgab. Die Ersatzwährungen waren Instrumente, um in der Situation der Verknappung des offiziellen Geldes, das – im Prinzip intakte – Wirtschaftsleben in Gang zu halten und die Grundversorgung sicherzustellen. Nach 2006 wurden die patacones inflationsbereinigt eingezogen, inzwischen können paranumismatisch Interessierte sie für recht viel Geld erwerben.

Abb. 31

Wie kamen die patacones zu ihrem Namen? Zum einen, weil die argentinische Silberwährung des 19. Jahrhunderts patacón hieß.[037] Von eben diesen, also den silberglänzenden, runden patacones leitet sich wiederum der Name des angesprochenen Gerichts ab: Die fettglänzenden Fladen aus plátanos symbolisieren wie die Münzen Reichtum. In Argentinien war das Wort »patacón« seit dem 19. Jahrhundert generell und umgangssprachlich für Geld gebräuchlich, wie etwa auch *plata* (Silber). In diesem kolloquialen Gebrauch von patacón schwingt immer eine Bedeutung mit, die wertloses Geld, Falschgeld etc. meint. Patacones waren zwar über Jahre verlässlich in Gebrauch, galten aber als seltsames, als lustiges Geld, das »eigentlich« nichts wert ist. Patacón kommt zudem vom arabischen *batakká* für Fenster oder Nische her und verweist insofern auf die *deep history* der monetären Globalisierung.

Sehr prominent wurde der Ausdruck von einer Comicfigur verwendet, nämlich von Patoruzú. Diese in Argentinien äußerst populäre Figur ist ein

037 Der Name für Argentinien kommt ebenfalls vom Silber und transportiert damit die Kolonialgeschichte der erbarmungslosen Ausbeutung der Silbervorkommen des Kontinents mit.

Tehuelches-Häuptling (aus Patagonien) mit Superkräften und wurde 1928 von Dante Quinterno erfunden. Neben seiner physischen Stärke zeichnet ihn seine Großzügigkeit aus: Stets quillt ihm bündelweise Geld aus den Hosentaschen. Die meisten seiner Abenteurer haben dann auch mit der Geldgier und Gemeinheit seiner Gegenspieler zu tun, weshalb das Wort patacones ausgesprochen oft fällt.

In der Bezeichnung »patacón«, die später auch auf den Schuldscheinen vermerkt ist, schillert das monetäre Imaginäre in allen Farben. Und es ist sprechend, dass es den Umgang mit Geld auch dann strukturiert, wenn man meinen könnte, es ginge dringlich darum, funktionale Abläufe zu regeln und zu stabilisieren. Aber selbst wenn zur Krisenbeantwortung Maßnahmen wie eine Ersatzwährung ersonnen werden, werden diese offenkundig von Fiktionalisierungsprozessen ergriffen. Der Bedeutungsüberschuss z. B. von Bezeichnungen – selbst in Situationen der Bedrängnis oder gerade dann – stellt den fiktionalen Charakter von Geld heraus. Das reichte in Argentinien bis hin zur Produktion von parodistischen Geldscheinen, auf denen sich Patoruzú vor Lachen ausschüttet und die Geldscheine von einer Republica Manoduro, also von einer Republik der Harten Hand (das Austeritätsgebot lässt grüßen), ausgegeben werden. Patacones sind also Resultat der Krise und Reflexion der Krise und ihrer Ursachen in einem. Selbst in einer Situation von äußerster Knappheit und Zugzwang lassen sich solche Semantisierungsprozesse nicht stillstellen. Im Gegenteil war der Patacón wohl auch deshalb eine relativ erfolgreiche, stabile Parallelwährung, weil sie semantisch aufgeladen war (Silberreichtum, reicher Häuptling, aber auch mit dem fiktionalen Charakter von Geld).

Mary Douglas diskutiert in einem Aufsatz über Geld als allgemeines Tauschmedium und »primitive Währungen« – man würde heute sagen: begrenzte, lokale Währungen – Unterschiede und Überschneidungen der jeweiligen Prinzipien und Praktiken.[038] Im Allgemeinen ginge man davon aus, dass Geld als generalisiertes Tauschmedium zur grenzüberschreitenden Fluidität von Austauschbeziehungen und Marktkonkurrenz tendiere, während lokale Währungen (»Coupons«) kulturspezifische Kontrollfunktionen operativ machten und sozial stabilisierend wirkten. Der Erwerb und die Zirkulation von »Coupons« (Douglas' Studienobjekt waren die Raffia-Gewebe der Lele aus dem Kongo) würden innerhalb von Gemeinschaften stärker kontrolliert, sie seien, wie Essensmarken oder Lokalwährungen, kein generelles Wertäquivalent, sondern könnten nur von bestimmten Individuen für den Erwerb von bestimmten Dingen oder Leistungen eingesetzt werden. Douglas hebt jedoch darauf ab, dass auch moderne Währungen »Couponqualitäten« haben, also kontrolliert sind und kontrollierend wirken: Nicht nur laden Individuen Geld mit (imaginären) Qualitäten auf (die Erbschaft von der Großmutter, die nur für eine besondere Anschaffung ausgegeben wird), auch internationale Wechselkurse begreift Douglas analog zur Couponwirtschaft. Innerhalb einer Volkswirtschaft vertraue man auf die selbstregulierenden Kräfte von Geld plus Markt, zwischenstaatlich werde selbstverständlich reguliert und dies – das zeigt das Beispiel Argentinien in den Nullerjahren und aktuell Venezuela – mit verheerenden Folgen für das lokale Wirtschaften. Im Argentinien der patacones und in der aktuellen Situation in Venezuela war der 1:1-Wechselkurs zum US-Dollar der Auslöser einer wahrlich 'patakonomischen Situation, in der Armut und Unterversorgung *Effekte* von Überfluss sind.

Abb. 32

Mit Krisenwährungen wie dem patacón ist man nur auf den ersten Blick maximal weit entfernt von der rituellen Verausgabung à la Bataille. Eine lenkende Pädagogik des Konsumierens, wie sie mit Gutscheinen, Coupons, lokalen Währungen praktiziert wird, sieht zunächst nicht aus wie eine Feier des Exzesses. Dennoch sind konsumbezogene Währungen im Rahmen der gegenwärtigen spekulativen Finanzwirtschaft nicht das Gegenteil der Verausgabung, sondern sie sind mit dem Exzess, mit global umlaufendem Geld unmittelbar verknüpft. Lokale, temporäre oder auf Warengruppen beschränkte Währungen tauchen in der gegenwärtigen Situation häufig gerade dann auf, wenn Nationalstaaten versuchen, an globale Geldströme angeschlossen zu bleiben, aber regional nicht ausschließlich marktorientiert zu operieren. Venezuelas gegenwärtiger Hunger (man spricht populär von der »Maduro-Diät«) ist nicht das Resultat von mangelnden lokalen Ressourcen (Venezuela könnte sehr viel mehr Nahrung selbst produzieren), auch nicht direkt das Resultat einer fehlgehenden Planwirtschaft. Es stimmt zwar, dass dank der massenhaft vorhandenen Petrodollars der Import von Grundnahrungsmitteln so attraktiv gemacht worden ist, dass sich die Produktion im Land nicht mehr rentiert, es werden aber im Grunde immer noch ausreichend Lebensmittel importiert; nur verschwinden diese über die Grenze nach Kolumbien oder erreichen nicht den Markt, weil sich ihr Verkauf nicht lohnt. Mehrwert wird allein durch Preisspekulationen generiert, Importeure haben schlicht keinen guten Grund, den Verkauf der Lebensmittel zu organisieren.[039]

Anschlüsse an eine Ökonomie des Überflusses

Ich möchte zuletzt einige theoretische Anschlussstellen zu Bataille benennen: zum einen Batailles Bemühen, ästhetische Prozesse nicht von ökonomischen Prozessen abzukoppeln, sondern sie zu integrieren. An den patacones ist gut zu beobachten, wie sich Semantisierungsprozesse und ein monetäres Imagi-

038 Mary Douglas: »Primitive Rationing. A Study in Controlled Exchange«, in: Raymond Firth (Hg.), *Themes in Economic Anthropology*, London 1967, S. 119—147.

039 Vgl. dazu z.B. Renaud Lambert: »So viel Öl und nichts zu essen. Das Wirtschaftschaos in Venezuela und seine Gründe«, in: *Le monde diplomatique*, 12. Januar 2017 (dt. Ausgabe), S. 18—19.

näres mit funktionalen Aspekten vermischen. Der unverhoffte Erfolg der patacones hat nicht unwesentlich mit ihrer Ästhetik zu tun: Die Schuldscheine sahen aus wie Geld und trugen einen Namen, der mit dem grotesk-sympathischen Reichtum einer Comicfigur verknüpft war. Man muss das ästhetisch Überschüssige auch nicht immer im Dramatischen und Spektakulären suchen. Ich erinnere mich an eine Kollegin im Wissenschaftsministerium, die ihre Sodexo-Gutscheine konsequent dafür verwendet hat, Sekt und teuren Wein zu kaufen. Sie antwortete damit ziemlich folgerichtig auf eine damals längst geschehene Funktionsverschiebung der Konsumationsgutscheine: Sie mögen einmal als Alltagshilfe und als Erziehungsmaßnahme eingeführt worden sein. Inzwischen fallen sie aber im Vergleich zum Gehalt lächerlich niedrig aus und sind betriebswirtschaftlich betrachtet schlicht eine Steuersparmaßnahme für den Betrieb. Sie kommen direkt der Unternehmensbilanz zugute. Sie zu Bezugsscheinen für Luxusgüter umzufunktionieren ist eine folgerichtige und reflexive Geste, ein kleiner Bataille'scher Moment in einem System, das so tut, als könnte man Lebenszeit verrechnen.

Zum anderen wäre zu überlegen, wie Batailles kosmologischer Einsatz zu einem kosmopolitischen im Sinne Isabelle Stengers' umgestrickt werden könnte.[040] Batailles Bezug auf ethnologische Sachverhalte ist problematisch, da er sich wahllos und projektiv auf Praktiken der »Anderen« des modernen, rationalen, westlichen Wirtschaftens bezieht. Ein kosmopolitischer Einsatz wäre es, die beobachteten Unterschiede – etwa zwischen den »lokalen Währungen der Anderen« und »generalisierten Tauschmedien der Modernen« – zu entontologisieren und zu historisieren. Das würde heißen, die Idee, dass Geld überhaupt ein generalisiertes Tauschmedium ist, das auf einem überall gleichermaßen gültigen funktionalen Kalkül fußt, wäre einzuklammern und stattdessen wäre die aktuelle Form des Wirtschaftens als eine lokale Praxis zu beschreiben, der es im Zuge der Eroberungspolitik der europäischen Mächte seit dem 15. Jahrhundert gelungen ist, sich zu universalisieren. In einer Zeit, in der der toxische und 'pataphysische Charakter dieser Praxis immer deutlicher hervortritt, nämlich ihre Unfähigkeit, das gemeinsame Leben und Sterben auf diesem endlichen Planeten auch nur halbwegs zu organisieren,[041] ist Batailles Einsatz einer Ökonomie der Fülle mehr als bedenkenswert; sonst könnte es nämlich passieren, dass diese tatsächlich verschwindet. Wir sitzen nun einmal an einem hoch gefährdeten planetarischen Tisch mit vielerlei anderen Lebewesen, mit menschlichen und nicht-menschlichen, mit solchen die sich gegenseitig – oder auch einseitig – essen und verdauen, mit solchen, die einander leben lassen, mit solchen, die Symbiosen eingehen, und solchen, die genügsam für andere mitproduzieren (und manchmal all das gleichzeitig). Und weil Konsum eben nicht delegierbar ist, weil es um die Reichhaltigkeit des miteinander Lebens und Sterbens geht, ist eine Ökonomie, die Werte von Leiblichkeit, Endlichkeit und Geschichtlichkeit entbindet und an Symbolträger delegiert, schlicht nicht gut genug.

»Karton mit Buchstaben und Ziffern« Joseph Roth und die Rationierung der Welt

Hendrik Blumentrath

Mit »A Jour« ist ein Artikel Joseph Roths im *Neuen Tag* vom 14. März 1920 überschrieben. Es ist sein letzter Beitrag in der Serie »Wiener Symptome«, in der neben Roth – der seine Artikel zumeist mit »Josephus« zeichnete – auch Richard Arnold Bermann und Rudolf Olden alltägliche Szenen und Begebenheiten festhielten.[042] Nicht auf die Aktualität des dort Porträtierten stellt jedoch die Überschrift ab, sondern auf einen kunsthandwerklichen Terminus: das Lochmuster. Ein Muster aus An- und Abwesenheit; ein sorgsam hergestelltes und scharf konturiertes Nichts im Gewebe. Was der Feuilletonist als Ajourmuster beschreibt, ist eine Wiener Lebensmittelkarte:

»Die Lebensmittelkarte kennt ihr doch? Es ist ein Karton mit Buchstaben und Ziffern. Die Buchstaben haben nicht etwa didaktische Zwecke, sondern werden bei verschiedenen Gelegenheiten mit der Schere ausgeschnitten. Zum Beispiel: wenn man städtische Marmelade oder andere Lebensmittel ausgibt. Die *Wiener* Lebensmittelkarte erkennt man nicht nur daran, daß sie den Aufdruck ›Wien‹ in der Mitte trägt, sondern – an ihren Löchern. Diese Löcher entstehen, wenn man Buchstaben ausschneidet. Und aus den Wiener Lebensmittelkarten werden die Buchstaben in einer ganz merkwürdigen Reihenfolge geschnitten. Man hat z. B. soeben eine neue Lebensmittelkarte ›gefaßt‹. Sie hat noch alle Buchstaben und kein einziges Loch. Aber da wird städtische Marmelade angekündigt. Und zwar ›gegen Abgabe des Buchstabens: M‹. Der Buchstabe M ist in der Mitte. Und nächstens wird ein anderes ›städtisches‹ Lebensmittel ausgegeben. Und zwar ›gegen Abgabe des Buchstabens: R‹. Ausgerechnet. Man beginnt immer in der Mitte. Den Leitspruch des Wiener Magistrats: *In medias res.* So eine Lebensmittelkarte muß man sich dann anschauen. Brüssler Spitzen sind nichts gegen diese Ajourmuster. Ich wollte nämlich nur sagen, wie man Wiener Lebensmittelkarten agnosziert.«[043]

Das Stück Karton, das der Feuilletonist skizziert, zeichnet weniger sein Aufdruck als die Anordnung von Lücken aus. In der Mitte blickt man auf ein Loch und damit nicht mitten in die Dinge, sondern gleich hindurch. Zentral und präzise erfasst scheint hier nurmehr der Mangel zu sein, der Karte, Stadt und Magen des Kartenbenutzers gleichermaßen beherrscht. In dieser Pointe erschöpft sich der Text allerdings keineswegs. Wenn Roth die Buchstaben-

040 Vgl. Isabelle Stengers: *Cosmopolitics I*, Minneapolis, London 2010; Isabelle Stengers: *Cosmopolitics II*, Minneapolis, London 2011.

041 Donna J. Haraway: *Staying with the Trouble. Making Kin in the Chthulucene*, Durham, London 2016.

042 Zu Roths Feuilletonreihe »Wiener Symptome« vgl. Ingeborg Sültemeyer: *Studien zum Frühwerk Joseph Roths. Mit einem Anhang: bisher unbekannte Arbeiten aus dem Zeitraum 1925–1926*, Frankfurt a.M. 1969, S. 77–82, sowie Irmgard Wirtz: *Joseph Roths Fiktionen des Faktischen. Das Feuilleton der zwanziger Jahre und »Die Geschichte von der 1002. Nacht« im historischen Kontext*, Berlin 1997, S. 44–65.

043 Joseph Roth: »A Jour« (*Der Neue Tag*, 14.3.1920), in: *Joseph Roth Werke I. Das journalistische Werk. 1915–1923*, hg. v. Klaus Westermann, Köln 1989 (im Folgenden zitiert als JRW I), S. 57.

kürzel der Karte als lateinische Phrase semantisiert, wenn er die Löcher als figurative Darstellung des Nahrungsmangels deutet, dann betreibt er ganz bewusst eine Fehllektüre, die nicht nur die Komik seines Textes produziert, sondern in ihrer Diskrepanz zum beschriebenen Objekt auch die Kluft zwischen verschiedenen medialen Verfahren deutlich macht: Einem Schreiben, das narrativ Sinn webt und mit hermeneutischen Techniken gedeutet werden will, steht eine diagrammatische Schrift gegenüber, die mit »Buchstaben und Ziffern«, vor allem aber mit einem Lochmuster von An- und Abwesenheit operiert, das dem Heraustrennen und Zirkulieren von Teilen des Kartons folgt. Die Karte fixiert bewegliche Kartonteile, deren Bestimmung weniger in der Lektüre als im Umlauf liegt. Roth schärft mit dieser harten Fügung den Blick für beide Verfahren: für sein eigenes Schreiben ebenso wie für die spezifische Funktionsweise einer Technik der Verteilung und Rationierung. Man kann in seinen Texten der »Wiener Symptome« und anderen journalistischen Arbeiten dieser Zeit viel über das erfahren, was die Rationierungsmarke ausmacht: den Umlauf des Papiers und eine Verwandlung von Objekten in Zahlen. Von beidem lesen wir immer wieder, wenn Roth zwischen 1917 und 1919 über den Hunger und die Rationierung der wenigen verfügbaren Lebensmittel schreibt. Zum einen also geht es um Dinge, die ganz maßgeblich über unser Leben bestimmen, papierne Dinge, die aber nicht nur gelesen, sondern gelöst oder fixiert, gehortet oder weitergereicht, eingetauscht oder gesammelt werden. Dass Papier eben auch gut zu schneiden, in einzelne Bögen zu teilen oder zu trennen ist, konnte der Journalist Roth dabei schon angesichts seines eigenen Mediums, der Zeitung, und insbesondere angesichts der Geschichte des Teils ›unter dem Strich‹ wissen;[044] genutzt hat er diese Aufmerksamkeit für materiale Eigenschaften aber für die Beschreibung ganz unterschiedlicher Papierobjekte. Zum anderen beschäftigt den Feuilletonisten ein Prozess der Quantifizierung, der in zunehmendem Maße alle Lebensbereiche zu durchdringen scheint. Seine Beobachtungen gehen dabei ins Grundsätzliche, erproben immer wieder Fragen der Entsprechung, der Vergleichung und der Äquivalenz.

Im Folgenden soll in einem ersten Schritt die papierne Marke als zentrales Medium der Rationierung im Mittelpunkt der Überlegungen stehen: Sie reguliert Abläufe, verwaltet Ansprüche und trägt maßgeblich zum wichtigsten Versprechen dieser Distributionsform bei: dem Gleichmaß. Roths Feuilletons über eine ganze Welt aus Papier, die das Subjekt umgibt und dieses schließlich selbst in ein papiernes Objekt zu verwandeln sucht, stehen im Zentrum des zweiten Teils. Die Frage des Messens lässt sich dabei als Schnittstelle einer Übersetzungsarbeit zwischen Stofflichkeit und Verzeichnung ausmachen, die den Ausgangspunkt für Roths Begriff der Rationierung bildet: eine umfassende Quantifizierung der Welt. Drittens und schließlich folgt ein Blick auf seine Texte über die Ernährungsmaßnahmen und den Hunger: Die scheiternden symbolischen Transformationen, die Roth hier in immer neuen Varianten durchspielt, berichten von den Aporien des Gleichmaßes – sie bestehen auf der Inkommensurabilität des Menschen.

Roths Feuilletons liefern eine detaillierte Analyse von Bedingungsmöglichkeiten, Funktionsweise und sozialer Situiertheit eines papiernen Dings, das über Hunger und Sattheit entscheidet. Ein ausführlicherer Blick auf die Rationierungsmarke selbst bleibt Roths Lesern indes – abseits von »A jour«, wo sie gleich zum Protagonisten des Textes erhoben wird – verwehrt. Ergiebiger für die weitere Beschreibung jenes »Kartons mit Buchstaben und Ziffern« sind daher die Texte eines Verwaltungsfachmanns. Denn nicht nur über die Lage der Lebensmittelversorgung Wiens nach dem Ende der Doppelmonarchie, sondern auch über die Strategien und Medien dieser Versorgung geben die Schriften von Hans Löwenfeld-Russ beredt Auskunft. Seit 1917 arbeitet der Jurist im Amt für Volksernährung; nach Ausrufung der Republik übernimmt er dessen Leitung. Tatsächlich ist die Wiener Lebensmittelversorgung nicht nur während des Kriegs, sondern auch in den Nachkriegsjahren denkbar schlecht. Vor allem die Winter 1918 und 1919 sind von Hunger geprägt. War schon die Doppelmonarchie auf Importe angewiesen, muss die Republik ihre Bevölkerung nun ohne die Getreideernte aus Ungarn und Galizien ernähren. Fleisch und Fett sind ebenso knapp wie Kartoffeln und Eier, und von ehemals 180 Zuckerfabriken, so bilanziert Löwenfeld-Russ, blieben nun noch vier.[045] Bereits 1912 hatte die Wiener Handelskammer für den Fall einer Mobilisierung die Notwendigkeit einer Koordination der Nahrungsmittelverteilung sowie, als deren Grundlage, eine Erhebung der Vorräte angeregt; 1914 wird in der österreichischen Reichshälfte die Kommission für wirtschaftliche Mobilisierungsangelegenheiten eingerichtet; im Dezember 1916 schließlich nimmt das neu gegründete Amt für Volksernährung seine Tätigkeit auf.[046]

Brot- und Lebensmittelkarten gelten rasch als Schlüssel zum Problem der Verteilung. Löwenfeld-Russ widmet ihnen 1926 ein eigenes Unterkapitel in *Die Regelung der Volksernährung im Kriege*. Bevor die von Roth beschriebenen gemischten Einkaufskarten 1917 in Umlauf kommen, werden in Wien verschiedene nach Lebensmitteln getrennte Karten eingeführt: zunächst die Brotkarte im April 1915, es folgen in den nächsten Jahren Karten für Zucker, Milch, Kaffee, Fett, Kartoffeln, Marmelade und Fleisch.[047] Bei aller Verschiedenheit der Marken in ihren unterschiedlichen Ausprägungen und regionalen Differenzen lassen sich gleichwohl einige gemeinsame Strukturen in Aufbau und Umlaufprozedur ausmachen: Jede Karte besteht zum einen aus den herauszutrennenden bzw. herauszuschneidenden Bezugsmarken, zum anderen aus einem Stamm, in dem

044 Auf die materiale Mobilität des Feuilletons verweist nicht nur seine Geschichte als eingelegter Bogen. Dass etwa die Platzierung ›unter dem Strich‹ das zum Sammeln einzelner Teile notwendige Abschneiden erleichterte, erwähnen Stephan Porombka: »Feuilleton«, in: Dieter Lamping et al. (Hg.), *Handbuch der literarischen Gattungen*, Stuttgart 2009, S. 264—269, hier S. 268, und Rudolf Stöber: *Deutsche Pressegeschichte. Von den Anfängen bis zur Gegenwart*, Konstanz 2005, S. 202.

045 Vgl. Hans Loewenfeld-Russ: *Ernährungswirtschaftliche Probleme in Österreich*, Wien 1919, S. 9.

046 Vgl. Hans Loewenfeld-Russ: *Die Regelung der Volksernährung im Kriege*, Wien 1926, S. 286 ff.

047 Vgl. ebd., S. 328.

Angaben zum Geltungsgebiet und zur Gültigkeitsdauer vermerkt sind.[048] Während die Marken in die Zirkulation entlassen werden, dient der Stamm dazu, die Regeln dieser Zirkulation zu fixieren. Und er erhält noch eine weitere Aufgabe: Karte und Besitzer unauflöslich aneinander zu binden.

Schon früh nämlich bilden sich wieder lange Schlangen auf den Straßen vor den Geschäften. Wer nicht in den ersten Tagen des Monats seine Marken eingelöst hat, muss damit rechnen, nach einem Blick auf leere Regale nichts nach Hause tragen zu können. Damit aber vorausberechnet werden kann, welche Mengen Brot, Mehl oder Marmelade in die Ausgabestellen geliefert werden müssen, um alle Markenbesitzer bedienen zu können, geht man dazu über, die Karten zu personalisieren und an eine festgelegte Ausgabestelle zu binden. Löwenfeld-Russ beschreibt diese Zuweisung von Menschen an Orte als »*Rayonierung* der Verbraucher«, die die »Rationierung des Verbrauches«[049] ergänzen müsse. Die Rationierungsmarke ist kein Objekt, das frei zirkuliert; sie folgt von der Ausgabe bis zur Einlösung ihren eilig eingerichteten Bahnen, die ihre Bewegung im Raum ebenso zu lenken suchen wie sie ihre Gültigkeit in der Zeit limitieren. Vor allem aber – und das lässt sich nicht zuletzt am Prozess einer solchen »Rayonierung« ablesen – ist es die Marke selbst, die Effekte der Steuerung zeitigt: Sie tritt an, die Handlungsabläufe und Wege ihrer Benutzer zu regulieren.

Seine Bevorzugung des Lebensmittelkartensystems gegenüber anderen Techniken der Rationierung begründet Löwenfeld-Russ in drei Punkten. Erstens sollen die Marken als Nebeneffekt der Verteilung auch gleich Informationen über die tatsächlichen Verbrauchsmengen liefern. Boten zuvor die letzten Volkszählungsdaten eine ebenso ungefähre wie ungewisse Basis für die Berechnung der Versorgungspläne, so ist es nun der Rückstrom der Kartenabschnitte, der zur Ausgangslage neuerlicher Ausgaben und neuerlicher Verteilungen wird. Die zirkulierenden Marken werden damit als symbolisches System entworfen, das nicht einfach einen vorher gemessenen oder geschätzten Stand abbildet, sondern die Grundlage der nächsten Verteilung in jeweils neuen Rückkopplungsschleifen selbst bestimmt. Nicht zuletzt, weil die regionalen Ämter der Versuchung, doch lokale Reserven anzulegen, selten widerstehen und daher neue Bewohner pflichtbewusst melden, Todesfälle oder Fortzüge aus dem eigenen Gebiet aber gerne einmal vergessen, muss der tatsächliche Rücklauf der Marken für den Staatssekretär von Interesse sein.[050]

Der zweite Aspekt der Lebensmittelkarten, den Löwenfeld-Russ hervorhebt, kann als psychologischer Effekt beschrieben werden. Zwar hatte der Besitzer der Karte keinen allgemeinen Anspruch auf die auf seinen Marken verzeichnete Ware; soweit das Gut jedoch vorhanden war, musste er dieses zugeteilt bekommen. Dies sei »vielleicht einer der Hauptvorzüge des Kartensystems gegenüber der bloßen Kontingentierung«, jedenfalls aber habe die Karte »wesentlich zur Beruhigung der Verbraucher beigetragen«.[051] Die Aussetzung von Marktmechanismen verbindet sich hier mit einem in der Marke schon präsenten Anspruch. Auch wenn sich dieses Versprechen jederzeit als nutzlos erweisen kann, sobald die betreffende Ware nicht mehr in ausreichendem Maße vorhanden ist, bleibt doch dieser Anspruch auf ein potenzielles Gut verbrieft – und ein solcher Mechanismus zeitigt Effekte auch dort, wo kein Produkt tatsächlich den Besitzer wechseln wird. Wenn Löwenfeld-Russ die beruhigende Wirkung unterstreicht, die das Kartensystem auf seine Nutzer ausübt, ist damit wohl nicht zuletzt eine Kraft der Rationierungsmarke beschrieben, die auch bei leeren Regalen Güter als immerhin potenziell vorhanden markiert und in der Vorstellung präsent zu machen sucht, indem sie diese in den Raum verwaltbarer Ansprüche hebt: ein Imaginäres, das allein aus einem System ökonomischer Handlungen und Gesten – von der Ausgabe bis zum sorgsamen Heraustrennen der Marke – erwächst; ein System, in dessen verwaltetem Zentrum möglicherweise nur der Mangel steht.

Dass die Rationierungsmarke drittens die »absolute Gleichmäßigkeit der Verteilung«[052] verbürge, stellt Löwenfeld-Russ als ihre eigentliche Leistung heraus. Auch diesen Anspruch leitet er direkt aus der materiellen Beschaffenheit der Marke ab: Niemand kann mehr beziehen als die auf den Marken festgelegten Mengen; niemand kann mehrfach Waren erhalten, da der entsprechende Abschnitt abgetrennt und der Ausgabestelle ausgehändigt werden muss. Mit dem Problem des Gleichmaßes ist ein zentrales Versprechen der Rationierung benannt, das topisch konstatiert wird und doch unerfüllt bleiben muss. Man kann ein solches Gleichmaß als Eigenschaft oder Telos der Rationierung postulieren; wie aber soll es hergestellt werden? Auf doppelte Weise ist diese Herstellung von Äquivalenz zentral für den Prozess der Rationierung. Zunächst nämlich steht das Amt für Volksernährung vor dem Problem des Vergleichens verschiedenster Dinge und Stoffe durch numerische Abstraktion. Der Zucker etwa, so kann man nachlesen, bereitet hier keinerlei Schwierigkeiten, da die verschiedenen Sorten in der Ernährung kaum unterschiedlich sind; die Zuteilung der Fleischsorten ist schon problematischer und sei »lange Zeit hindurch begründeten Zweifeln« begegnet – wie lassen sich, müssen sich die Beamten fragen, »Rind-, Kalb-, Schweinefleisch etc., Vorderes, Hinteres, Bratenfleisch etc.« miteinander verrechnen? Auch Brot und Mehl, die man zunächst auf verschiedenen Karten geführt hat, stellen, zusammengefasst auf der »Ausweiskarte für den Verbrauch von Brot und Mehl«, die Frage nach ihrem Übergangsverhältnis, das »auf Grund eingehender fachmännischer Gutachten« auf das Verhältnis 5:7 – also fünf Einheiten Mehl, die sieben Einheiten Brot entsprechen – festgelegt wird. Die Vereinheitlichung der »ortsüblichen Gebäckformen« zum »aus 900 Gramm Mehl erzeugten Normalbrotlaib im Gewichte von 1260 g« ist damit als Problem noch gar nicht angegangen.[053]

Die Lebensmittelkarte soll also unter den von ihr verwalteten Gütern eine wundersame Konvertibilität herstellen: eine Vergleichsarbeit, die lange vor dem Ziel einer gleichmäßigen Verteilung ansteht. Das aber ist nur der erste Teil des zu bewältigenden Pensums. Löwenfeld-Russ muss sich noch einer zweiten Vergleichsanstrengung zuwenden, und im Zentrum dieser Überlegungen stehen weniger die Objekte der Transaktion als deren Subjekte. So werden diese zur Sorge einer genau bemessenen Differenzierungsarbeit, die im

048 Vgl. ebd., S. 328 f.
049 Ebd., S. 343.
050 Vgl. ebd., S. 339.
051 Ebd., S. 327.
052 Ebd.
053 Ebd., S. 331.

Stamm der Karte festgehalten wird: Stadtbewohner werden unterschieden von Landbewohnern, Produzenten von Konsumenten; die Kategorie des »Schwerarbeiters« wird erfunden, um verschiedene körperlich fordernde Tätigkeiten noch einmal von anderen Arbeitsformen abzugrenzen; auch eine Differenzierung nach Einkommen oder Vermögen ist geplant, scheitert jedoch, so der Jurist, »verwaltungstechnisch wegen der Unmöglichkeit einer befriedigenden Abgrenzung des Begriffes ›Wohlhabenheit‹«.[054] Vor allem aber werden nun innerhalb dieser Differenzierungsakte die Subjekte selbst vergleichbar gemacht – und zwar über den Kalorienverbrauch.[055] Und diese Größe dient nicht nur dem Vergleich der Subjekte untereinander, sondern auch – über die auf Berechnungsgrundlage des Physiologen Arnold Durig ermittelten Richtwerte[056] – ihrer Überführung in eine Gleichung, die jetzt zu verteilende Dinge wie Menschen umfasst. Die Rationierungsmarke, so ließe sich vielleicht zuspitzen und zusammenfassen, was man in den Beschreibungen von Löwenfeld-Russ lesen kann, ist in ihrem Dasein als Papierding ein Zirkulationsobjekt, dessen mögliche Bahnen eng abgesteckt sind und das wiederum die Handlungsmöglichkeiten der Subjekte zu bahnen sucht. Zur Grundlage ihres Umlaufs aber wird ein umfassendes Programm der Quantifizierung: ein Programm, das nicht einfach bei einer universellen Konvertibiliät der Transaktionsobjekte stehenbleiben kann, sondern daran arbeiten muss, auch diejenigen, die sich als Subjekte der Transaktion verstehen, als Objekte in die Rechnung aufzunehmen.

In die papierne Welt

Die Beobachtung, dass es nicht nur das Papier der Zeitung mit ihren Nachrichten und Artikeln ist, das in der Moderne über das Schicksal der Menschen zu richten vermag, hat Roth zu verschiedenen Gelegenheiten formuliert. Am 6. Oktober 1919 schreibt er im *Neuen Tag* unter der Überschrift »Papier« über den Status des Zeitungswesens nach dem Zusammenbruch des militärischen Pressequartiers;[057] nur wenige Tage später erscheint ein Artikel unter der gleichen Überschrift, dieses Mal jedoch mit einer breiteren Perspektive. »Eine Welt aus Papier ist erstanden«, heißt es dort, eine »Welt aus Personal- und Kulturdokumenten, deren Gebiet sich von der Musterungskund- bis zur Abreisend-Machung erstreckt und sämtliche Vergewaltigungsarten der Sprache und Menschlichkeit umfaßt. [...] Papier, Papier! Ein Papier ist die Voraussetzung deiner Geburt, eine Daseinsbewilligung berechtigt dich zur sogenannten ›Existenz‹, und ein Zeitungsblatt ist die äußerste Grenze deines Horizonts. [...] Und selbst das Hungertuch, an dem Du nagst, ist Papierstoff. Papier, Papier, Papier! Eine Welt aus Hadern, Strazzen, Stoff- und Gesinnungslumpen.«[058]

Roth schreibt eine Geschichte des Papiers, das stummer Diener zu sein scheint, uns aber längst in seiner Gewalt hat. Denn spätestens mit der Erfindung des Papiergelds, so Roths Genealogie, unterwarf sich die Menschheit »bedingungslos dem Papier«.[059] Damit aber ist die Geschichte moderner Subjektivität nicht zuletzt Papiergeschichte.

»Heute siehst du keine Mauern mehr. Die Häuser haben ihre Leiber verhüllt mit Plakaten aus Papier. Das ist der Trick des Papiers, um dir dein Papier herauszulocken. Papier gibst du für Papier. Drei kleine viereckige Papierschnitzel in der Elektrischen. Dafür bekommst du einen Fahrschein aus Papier. Viele, viele, viele Papierschnitzel im Laden. Da hast du einen Winterrock aus Papier. Ewig, ewig ist der Kreislauf des Papiers. Ein papierener *circulus vitiosus*, in dem du dich mitdrehst, ratlos, ohnmächtig, selbst ein Fetzen Papier, nicht Fleisch und Blut mehr, sondern eine Legitimation, ein Paß, ein Meldezettel.«[060]

Roths journalistische Betrachtungen bleiben nicht bei dem Zeitungspapier stehen, auf das seine Worte gedruckt werden: Im Schreiben über Register und Speisepläne, Lebensmittelkarten und Geldscheine, papierne Schnürsenkel und Ausweisdokumente zeichnet er das Bild einer Welt, die über den Umlauf des Papiers und über dessen Kraft, als Medium aller möglichen Transaktionen und Tauschgeschäfte aufzutreten, in Gang gehalten wird.

Die Verwandlung des Menschen in Papier, in der Roths Beschreibung gipfelt, ist dabei vielleicht der spektakulärste Akt dieser Transformationen: Das Papier integriert alle möglichen Objekte in seinen Kreislauf – und macht dabei auch vor den Menschen, zwischen deren Händen es hin- und herwandert, nicht halt. Wie aber werden Dinge und Menschen zu papiernen Objekten? Der Blick auf die Rationierungsmarken hat eine für diese Verwandlung entscheidende Kulturtechnik bereits hervortreten lassen: das Messen. Roth widmet dem Maß just einen Tag vor Erscheinen seines ersten »Papier«-Artikels einige Überlegungen. »Im Zählen, Messen, Wägen«, schreibt er am 5. Oktober 1919 in »Die Tyrannei der Stunde«, »offenbart sich die Ohnmacht der menschlichen Natur«: »Was sie nicht zu erfassen vermag, tastet sie mit der Elle ab. Die ›Einteilung‹ ist die Folge einer Verlegenheit. Wenn ich kein Geld zum Leben habe, so ›muss ich mir's nur einteilen‹. Ich ›rationiere‹ meine Armut. Rationierte Not ist keine Not. Wir ›fassen‹ Hunger auf Brotmarken. Alle Elemente werden rationiert. Lange noch ehe man die ganze Erdkugel kannte, teilte man sie in Meridiane und Parallelkreise. Unser Auge vermag nicht in die Sonne zu sehen, aber ihren Durchmesser haben wir berechnet. Der Arzt kann deinen Krebs nicht heilen, aber er rechnet dir vor, wann du ungefähr sterben wirst. Wir messen alles: das Jenseits, die Raumlosigkeit, die Gottheit. Wir wägen den Haß, je nach seinem Umfang, nach Ohrfeigen, Dolchen, Revolvern, Maschinengewehren, 42-Zentimeter-Kanonen. Wir messen selbst die Liebe mit dem Thermometer und lesen die Temperatur des Temperaments ab.«[061]

054 Ebd., S. 337.

055 Zur Geschichte der Kalorienmessung als Kreuzungspunkt von energetischer Ernährungslehre, Arbeitswissenschaften und Ökonomie vgl. Elizabeth R. Neswald: »Kapitalistische Kalorien. Energie und Ernährungsökonomien um die Jahrhundertwende«, in: Barbara Gronau (Hg.), *Szenarien der Energie. Zur Ästhetik und Wissenschaft des Immateriellen*, Bielefeld 2013, S. 87–108.

056 Vgl. Loewenfeld-Russ, *Die Regelung der Volksernährung im Kriege*, S. 335.

057 Joseph Roth: »Papier« (*Der Neue Tag*, 6.10.1919), in: JRW I, S. 51.

058 Joseph Roth: »Papier« (*Der Neue Tag*, 19.10.1919), in: JRW I, S. 159–160, hier S. 159.

059 Ebd.

060 Ebd., S. 160.

061 Joseph Roth: »Die Tyrannei der Stunde« (*Der Neue Tag*, 5.10.1919), in: JRW I, S. 152–154, hier S. 152 f.

Für Roth ist das Zählen, Messen, Wägen in erster Linie Ausweis erkenntnistheoretischer Kapitulation, eine hilflose Geste der Aneignung des nicht zu Erfassenden. Gleichzeitig scheint ihm diese Geste ubiquitär: »Alle Elemente werden rationiert.« Roths Begriff der Rationierung meint wesentlich mehr als nur eine Technik zur Verteilung knapper Mittel – er beschreibt das Projekt einer umfassenden Ausmessung der Welt und ihrer Verzifferung auf dem Papier.

Das »›Fassen‹ [von] Hunger auf Brotmarken« zielt daher auch nicht nur darauf ab, dem Mangel durch exzessive Verwaltung den Schrecken zu nehmen. Über Techniken des Messens werden Objekte – und eben auch Subjekte – in den von Roth geschilderten Kreislauf des Papiers integriert. Die Gewichtsangaben registrierter Güter auf der Rationierungsmarke bilden dabei ebenso wie der festgehaltene Kalorienbedarf der Kartenbesitzer genau jene Schnittstelle: Die Übersetzungsarbeit zwischen Stofflichkeit und Zahl, zwischen Dingen und Menschen und deren papierner Existenz wird durch Messen bewerkstelligt und in der Maßangabe präsent gehalten. Sie produziert damit durchaus gegenläufige Effekte. Denn einerseits scheinen damit Evidenzen erzeugt zu werden: Die Maßangabe verspricht Stofflichkeit. Das gilt nicht nur für die von Roth skizzierte Vermessung abstrakter Ideen, die an Greifbarkeit zu gewinnen scheinen. Das gilt auch für die mögliche Spur des Stofflichen in den Maßangaben der Brotmarke, die die Imagination des Kartenbesitzers rasch von abstrakter Menge zur konkreten Nahrung wandern lässt: einem Objekt, von dem der indexikalische Bezug des Maßes verspricht, dass es nicht nur am Anfang der Verteilungskette, sondern auch an deren Ende wieder in eine Kontiguitätsbeziehung zur Angabe auf dem Papier tritt. Gleichzeitig und andererseits hält die Maßangabe als Markierung dieser aufwendigen Konvertierungsarbeit auch eine Ahnung von der Sperrigkeit des Objekts, von den Schwierigkeiten dieser Übersetzungsanstrengungen wach. Was wird gemessen? Was macht das Gemessene aus? Und vor allem: Was geht verloren?

Tatsächlich ist es immer wieder die Unzuverlässigkeit symbolischer Transformationen, die Roth beschreibt; die potenziell scheiternde, mindestens aber wenig geräuschlose Verwandlung ist wiederkehrendes Motiv in seinen Feuilletons dieser Zeit. Wenn Roth davon ausgeht, dass alle Elemente dem unterliegen, was er als Rationierung beschreibt, so gilt seine Sorge dabei vor allem einem: dass auch die Subjekte – mit Zollstock und Kalorientabelle vermessen, dann mit Pass, Meldezettel und Brotmarke ausgestattet – Gefahr laufen, in papierne Existenzen transformiert zu werden. Roths Texte über die Verwaltung des Hungers versuchen festzuhalten, was sich dieser Verwandlung sperrt; sie beharren – und darum soll es im Folgenden gehen – unter dem Eindruck des Postulats universeller Konvertibilität darauf, dass diese Verwandlungen nie restlos glücken können: Sie insistieren auf der Inkommensurabilität des Menschen.

»Rationierte Ebenbilder Gottes«

Roths Feuilletons aus dem Frühjahr 1919 bis zum Herbst 1920 berichten immer wieder vom Mangel und vom Hunger. Nicht als Überschau, sondern als lose Reihung alltäglicher Szenen und Miniaturen sind diese Texte konzipiert: Sie erzählen vom Sterben auf der Straße, von leeren Schaufenstern und Schleichhändlern. Man kann dabei etwa an seine Beobachtungen aus dem »Steinhof« denken, der »Gartenstadt der Irrsinnigen, jenem Zufluchtsort an dem Wahnsinn der Welt Gescheiterter«, jener psychiatrischen Anstalt Wiens also, die nicht nur zum Gegenstand von Roths allererster Reportage, sondern auch zu dem Ort werden sollte, an dem Roths Frau Friederike viele Jahre später selbst als Patientin lebte.[062] Was Roth im April 1919 unter der Überschrift »Hunger« notiert, umkreist zunächst medizinische Vermutungen über den Zusammenhang von Hunger und Geisteskrankheit, beschreibt dann die Ängste der Insassen, ein anderer könnte das ihnen zustehende Essen verschlingen (womit der Verlust des sozialen Status in der Anstaltshierarchie einherginge) und verweist schließlich auf einen Speisezettel. »Heute ist gerade ein Fleischtag. Es gelingt mir, einen Speisezettel zu bekommen, ich zeige ihn einem Patienten. Er schüttelt den Kopf: ›Süßkraut?! Ich weiß, es wird wieder Sauerkraut werden. Und mit dem Fleisch ist es auch nicht weit her!‹ Aber selbst wenn – es ist nicht alle Tage Fleischtag, es gibt vier Klassen, und auf die Patienten der vierten Klasse kommt Hunger- statt Fleischportion. Ihr Unglück ist im allgemeinen das gleiche – ihre Kost nicht dieselbe.«[063] Hier folgt die Zuteilung der Speisen der zuvor etablierten Hierarchie: Die Differenzierung in verschiedene Tischgesellschaften dementiert jede angenommene Gleichbehandlung der Patienten; Äquivalenz herrscht nur zwischen der Nahrung der einen und dem Hunger der anderen.

Wie schon in seinem Portrait der Wiener Lebensmittelkarte hat Roth immer wieder einen Blick für die unscheinbaren Kleinigkeiten und Dinge, die den Umgang mit dem Hunger im Symbolischen zu fassen suchen: Er verzeichnet Speisepläne, Papierservietten und Preistabellen und lenkt damit den Fokus auf die verschiedenen Objekte, die zur Verwaltung des Mangels benötigt werden. Bei aller Unterschiedlichkeit der Feuilletons zu den Ernährungsmaßnahmen umkreisen viele seiner Texte ein ähnliches Problemfeld: Immer wieder erzählen Roths Erkundungen und Skizzen von den Aporien des Gleichmaßes (das blitzt bereits im Text zum Steinhof auf) und den Zumutungen des Vergleichens, von missglückten Transformationen und unterbrochenen symbolischen Übersetzungsketten. Zentral ist dabei vor allem die Frage nach dem Status des Subjekts innerhalb der geschilderten Praktiken der Verteilung und Mangelverwaltung. Dass Roth diese Frage als Problem von Maß und Inkommensurabilität formuliert, ist seine Reaktion auf das, was er als umfassenden Prozess der Rationierung beschrieben hatte: eine Vermessung und Verzifferung der Welt, die – diese Sorge legen Roths Texte nahe – ihren Anspruch auf universelle Konvertibilität mit einer Verrechenbarkeit des Menschen zu erkaufen droht.

Man kann das etwa an einem Text verfolgen, der im Herbst 1919 unter der Überschrift »Zwei« im *Neuen Tag* erscheint. Was hier erkundet wird, ist der Prozess eines scheinbar mühelosen Vergleichens dessen, was für Roth doch als unvergleichbar gelten muss: der Hungertod eines Pferds und der Hungertod

062 Vgl. Wilhelm von Sternburg: *Joseph Roth. Eine Biographie*, Köln 2009, S. 198 sowie S. 225 ff.

063 Joseph Roth: »Hunger« (*Der Neue Tag*, 20.4.1919), in: JRW I, S. 24—25, hier S. 24.

eines Menschen. Sie werden verrechnet in der Zahl, der Zahl der Textüberschrift, aber auch in der Zahl der Preistabelle. Denn das Tertium des Vergleichs sind die »Futterpreise«, angesichts deren das Verhungern laut den Schaulustigen, die das Sterben des Pferds beobachten, das »Gescheitste« ist, was man machen kann, weshalb die Zuschauer in Trauer über ihren »eigenen Fortbestand« verfallen.[064] Mit dem Verweis auf die Futterpreistabellen wird die Option des Hungertods wie selbstverständlich als rational ausgewiesen, und der einzige Unterschied, den die Erzählung zwischen Pferd und Mensch verzeichnen kann, liegt nurmehr darin, dass sich um den sterbenden Menschen keine Traube an Schaulustigen mehr bildet: »Daß ein Pferd stirbt, selbst ›bei *die* Futterpreise‹, ist immer noch eine Sehenswürdigkeit. Aber daß ein Mensch krepiert, ist ›bei *die* Futterpreise‹ schon selbstverständlich.«[065]

Dass Roths bittere Skizze die ausbleibende Klage über den Tod eines Menschen mit dem Tod eines Tiers zusammenführt, erweist sich beim Lesen weiterer Texte als wenig zufällig. Hatte er in einem Text über das Schreiben aus der »Vogelschau« noch – in erkennbar poetologischer Wendung – vermerkt, eine solchermaßen distanzierte Perspektive nehme den Menschen alles, »was sie zu Individuum und Symptom macht«, höre »ihre Sprache nicht«, sehe nicht »ihr Angesicht« und verzeichne nur noch »Gattungsexemplare«, die anhand ihres Gangs immerhin von Pferden und Hunden leicht zu unterscheiden seien,[066] so ist in den Texten über den Hunger nicht einmal mehr diese Gattungsunterscheidung gewiss, werden Menschen zu Tieren oder maschinenhaften Wesen. Man kann von diesen unheimlichen Verwandlungen in verschiedensten Varianten lesen: Ob in »Der Zeitgenosse« oder »Von Hunden und Menschen«, wo Menschen in einer »Zeit, in der Hunde auf Menschen reiten«, den aufrechten Gang abgelegt haben;[067] in »Verwirrung«, wo das Problem einer scheiternden Konvertibilität von Münzen und Papiergeld am Bild eines hungernden Automaten erprobt wird, das neben der Vorstellung lebendiger Maschinen auch die Vision maschinenhafter Lebewesen mittransportiert;[068] oder in »40 Mann = 6 Pferde«, einer »Formel«, die, angebracht auf den Schildern der Eisenbahnwaggons auf dem Weg zur Front, »das Wesen der mitteleuropäischen Staaten im allgemeinen und der gewesenen Donaumonarchie im besonderen ausgedrückt hat«.[069] Menschen sind mal von Tieren, mal von Maschinen kaum mehr zu unterscheiden oder mit diesen verrechenbar, werden zu Wesen, die, so Roth, kaum mehr erkennen lassen, was sie doch einmal als Mensch hatte auszeichnen sollen: Sie sind, so heißt es in einer Wendung, die in zahlreichen Variationen immer wieder angeführt wird, »gestoßene, zerschundene, verhungerte, vom Kriege und seinen Anleihen gezeichnete […], von Ernährungsmaßnahmen rationierte Ebenbilder Gottes«.[070] Es ist diese Figur der Gottesebenbildlichkeit, die Roth immer wieder zum Ausgangspunkt seiner Bestimmung des Menschen gemacht und allen Postulaten einer Quantifizierbarkeit entgegengehalten hat. Diese Ebenbildlichkeit wird dabei in seinen Texten nur noch als prekärer Rest, nahezu bis zur Unkenntlichkeit entstellt, verzeichnet. Es ist nicht nur der Krieg, der die Menschen als »Vierfüßler«, »das Gesicht parallel zum Straßenpflaster«, am Boden zurücklässt.[071] Roth entdeckt die Gefährdung des gottesebenbildlichen Menschen auch etwa in den Vermessenheiten des Passes (»Meine Physiognomie gehört ganz mir. Gott hat sie mir geschenkt. Wie kommt man dazu, das Ebenbild Gottes durch einen Kautschukstempel zu verunzieren?«[072]) oder eben in den Ernährungsmaßnahmen. Man muss daher sein Beharren auf Gottesebenbildlichkeit auch als Reaktion auf die von ihm beschriebene ›Rationierung‹ verstehen, auf eine ›Rationierung‹, die den Menschen nicht mehr ethisch-theologisch zu bestimmen sucht, sondern mittels Vermessung und Verzifferung, über physiognomische Merkmale oder über seinen Kalorienverbrauch. Die kategoriale Sonderstellung des Menschen gerät in der Verwaltung seiner körperlichen Merkmale ebenso unter Druck wie in den Versuchen, ihn in die Register zu übersetzen, in denen Militär- und Psychotechnik, Arbeits- wie Ernährungswissenschaften ihn als energetische Maschine analysieren.[073]

Es sind daher mal scheiternde, mal auf verstörende Weise glückende, stets jedoch problematische symbolische Verrechnungen des Menschen, die Roth in seinen Texten vorführt, um dessen Inkommensurabilität zu postulieren. Forderungen wie die von Mersljakow, dem Protagonisten aus Warlam Schalamows »Schocktherapie«,[074] der die Rationsverteilungen im Lager nach Vorbild der Versorgung der Zugpferde nach Körpergewicht individualisieren will, erscheinen aus einer solchen Position durchaus ambivalent: Denn aus Roths Verzeichnis unheimlicher Verrechnungen erwächst nicht zuletzt die Frage, ob nicht möglicherweise eben jenen quantifizierenden Verfahren, die eine immer weiter fortschreitende Gerechtigkeit der Verteilung sicherstellen sollen, die Tendenz innewohnt, ethische Setzungen auszuhebeln und die Währung der Verteilungstechnik zum Kriterium der Entscheidung selbst zu erheben: Wovor Roths Bild eines verrechenbaren Menschen warnt, wäre dann – um bei dem Beispiel der Lagerversorgung in »Schocktherapie« zu bleiben – die Dystopie einer Mängelverwaltung, die, nach dem sorgsamen Studium etwa von Kalorienbedarf, Umwandlungsbilanz und Arbeitskraft, bedauernd beschließt, die Ernährung der Lagerinsassen zugunsten der Zugpferde einzustellen.

Roths Feuilletons erzählen von den leeren Töpfen, die die glanzvollen Bilder der Kriegswirtschaft als ebenso leere Propaganda entlarven; von den hierarchischen Differenzierungen, die selbst da noch am Werk sind, wo es um die existenzielle Bedrohung durch den Hunger geht; von den Aporien einer gerechten Verteilung. Zugleich zeigt sein weiter gefasster Begriff der Rationierung, dass es vor allem die Logik einer umfassenden Quantifizierung ist, der sein

064 Joseph Roth: »Zwei« (*Der Neue Tag*, 6.10.1919), in: JRW I, S. 50–51, hier S. 50.
065 Ebd., S. 51.
066 Joseph Roth: »Aus der Vogelschau« (*Der Neue Tag*, 29.2.1920), in: JRW I, S. 250–252, hier S. 250.
067 Joseph Roth: »Der Zeitgenosse« (*Prager Tagblatt*, 17.4.1919), in: JRW I, S. 21–22; Joseph Roth: »Von Hunden und Menschen« (*Der Neue Tag*, 1.8.1919), in: JRW I, S. 95–96, hier S. 95.
068 Joseph Roth: »Verwirrung« (*Der Neue Tag*, 27.11.1919), in: JRW I, S. 53–54. Vgl. dazu auch Wirtz, *Joseph Roths Fiktionen des Faktischen*, S. 54 f.
069 Joseph Roth: »40 Mann = 6 Pferde« (*Prager Tagblatt*, 9.11.1923), in: JRW I, S. 1062–1063, hier S. 1062.
070 Joseph Roth: »Die Mülli!« (*Der Neue Tag*, 1.6.1919), in: JRW I, S. 35–36, hier S. 35.
071 Roth, Der Zeitgenosse, S. 21.
072 Joseph Roth: »Die Kugel am Bein« (*Der Neue Tag*, 28.9.1919), in: JRW I, S. 145–148, hier S. 147.
073 Vgl. dazu grundlegend: Anson Rabinbach: *The Human Motor: Energy, Fatigue and the Origins of Modernity*, New York 1990, sowie Jakob Tanner: *Fabrikmahlzeit. Ernährungswissenschaft, Industriearbeit und Volksernährung in der Schweiz 1890–1950*, Zürich 1999.
074 S. o., S. 3–17.

Interesse gilt: Dem Versprechen universeller Konvertibilität hält Roth mal scheiternde, mal prekäre symbolische Transformationen entgegen. Diese verzeichnen eine Sorge um mögliche Eigendynamiken quantifizierender Entwürfe des Menschen; sie verzeichnen aber auch – das wurde bereits an seiner Aufmerksamkeit für selbst unscheinbarste papierne Dinge deutlich – ein weit darüber hinausgehendes, generelles Interesse für die unterschiedlichen Techniken und Formen, die Welt ins Symbolische zu übersetzen. Dass diese notwendigerweise niemals als restlose oder unproblematische Erfassung betrachtet werden können, gilt freilich auch für Roths eigenes Medium als Autor – die Sprache. Man kann den Beispielen aus seinen Feuilletons daher noch eines hinzufügen, das jene prekären Transaktionen nicht nur als Gegenstand der analysierten Szene, sondern – auf andere Weise – auch im eigenen Schreiben sichtbar werden lässt. »Der Gast« gehört zu den Texten aus der Reihe »Menschliche Fragmente«, in denen vom »Überbleibsel eines Menschentums«[075] berichtet werden soll. Es ist die Szene einer »Gemeinschaftsküche«, an der man an »weiß gedeckten Tischen« sitzt und sich Sattheit vortäuscht »mit Markenabgabe, Trinkgeldern und Papierservietten«. Roth beschreibt damit eine Tischgemeinschaft, die zu ignorieren sucht, dass die Teller nahezu leer bleiben. Es ist die »Fata Morgana eines Mittagstisches«, erzeugt von Essgerätschaften, Gesten und ökonomischen Transaktionen, die auch ohne die Hauptspeise auskommen.

»Aber einer ist, der hat keinen Ruhepunkt, keine Vision, keine Fata Morgana. Er hat *nur* Hunger. Er kommt täglich um dieselbe Stunde, flackernde Begehr in den Augen, mit der gespensterhaften Lautlosigkeit eines vom Grabe Auferstandenen. Er grüßt nicht, bittet nicht, fordert nicht. Er kommt nur, steinerner Gast mit der Menageschale, und sein Kommen ist Drohung und Gebet, seine Lautlosigkeit Befehl ... Für eine Weile erstarren die, die an dem Traumbild von einem Mittagstische sitzen. Ihr Reden, das den Zweck hatte, Gemütlichkeit des Sattseins vorzutäuschen, verstummt. Es gibt noch Schlimmeres: Einer ist, der hat keinen Ruhepunkt, keine Fata Morgana, keine Vision ... Er hat nur Hunger. Er ist selbst Hunger. Hunger im Korpus eines menschlichen Fragments. Aus dünnen, ausgefransten Uniformärmeln hängen grobknochige, rohe Hände, mit dick angelaufenen, blauen Adersträngen schlaff herunter. Hände deren Vergangenheit Arbeit und Angriff hieß; ihre Gegenwart ist Betteln. Rotblaugeschwollene Füße quellen aus den Trümmern eines zerrissenen Stiefels hervor. Füße, deren Vergangenheit Zielschreiten und Wanderung war; ihre Gegenwart ist Schleichen. Er kommt jeden Tag. Lautlos und unerbittlich kommt er, der Hunger, gerade, wenn die andern dabei sind, ihn zu verleugnen ...«[076]

Mit dem Gast führt Roth eine Figur ein, die die Tischgemeinschaft durch ihr Schweigen jäh unterbricht. Kauft der Ungeladene sonst seit jeher »sein Mahl mit der Münze der Sprache«, erzählt also Geschichten, um sein Essen zu verdienen, so bleibt dieser Gast stumm.[077] Er unterbricht das Imaginäre dieser Gemeinschaft, indem er an die Stelle jeder symbolisch aufgeladenen Handlung nurmehr Hunger treten lässt. Und auch wenn es nahe liegt, den Gast nicht nur als ›menschliches Fragment‹ eines Soldaten, sondern als religiöse Figur zu deuten (ein mahnender, fremder Tischgast, vom Grabe auferstanden), so bleibt diese Deutung nicht unproblematisch: Zunächst hat der Gast Hunger, dann *ist* er Hunger – der Text verwandelt den Gast in eine Allegorie des Mangels. Er entwirft eine Figur, die mit emphatischen Bedeutungszuweisungen beladen werden kann – der ›reine‹ oder ›bloße‹ Hunger etwa, das Leiden, die Erlösung –, gleichzeitig eben aber auch Allegorie einer Auszehrung ist, die diese Zuweisungen notwendig dementiert, die keine Fata Morgana zulässt. An die Stelle des Abendmahls – jener Urszene der Verwandlung, des Teilens und der Verteilung – ist damit das Bild einer trostlosen Aufführung getreten. Der Text reflektiert eine Entleerung symbolischer Zuschreibungen, die bei aller Feier des Worts auch das eigene Schreiben erfasst. Wenn also Roths Texte in einer Zeit umfassender ›Rationierung‹ – und das meint für ihn eben wesentlich mehr als nur Abmessung und Verteilung von Nahrung – vehement auf der Unverrechenbarkeit des Menschen insistieren, indem sie immer wieder die Unzulänglichkeit symbolischer Transformationen beschreiben, nehmen sie ihre eigene, sprachliche Transformationskraft nicht einfach von dieser Diagnose aus. Man hat es daher hier – wie auch beim Verweis auf die Gottesebenbildlichkeit des Menschen – wohl nur noch mit einer Transzendenz im Modus des ›Als-ob‹ zu tun, auf die Roth so häufig zurückgreift, wenn er vom Hunger schreibt: mit dem Teilen und Brechen eines heiß ersehnten Schokoladenriegels im Schaufenster, der jede Menge Landesgrenzen überschritten haben muss, um nun im Geschäft liegen zu können, und der nun dem Protagonisten als Schwelle zum Himmelreich erscheint;[078] mit der Milch, die aus einer Kanne in der Straßenbahn ausläuft und zugleich »gewöhnliche, außerordentliche, einfache, göttliche Milch«[079] zu sein scheint; oder schließlich mit einer Skizze der Ernährungslage als Drama, in dem man »nach dem Höhepunkt des Weißbrotes die Peripetie des Maisbrotes« erleben konnte und zaghaft darauf zu hoffen wagt, dass die schicksalhafte Katastrophe dieser »gastrischen Tragödie« – allen dramatischen und göttlichen Gesetzen zum Trotz – doch ausbleibt.[080]

075 Roth, Der Zeitgenosse, S. 22.
076 Joseph Roth: »Der Gast« (*Prager Tagblatt*, 17.4.1919), in: JRW I, S. 22–23, hier S. 22 f.
077 Michel Serres: *Der Parasit*, übers. v. Michael Bischoff, Frankfurt a.M. 1982, S. 57.
078 Vgl. Joseph Roth: »Schokolade« (*Der Neue Tag*, 18.5.1919), in: JRW I, S. 31–32.
079 Roth, Die Mülli!, S. 35.
080 Joseph Roth: »Mai und Mais« (*Der Neue Tag*, 18.5.1919), in: JRW I, S. 30–31, hier S. 31.

Die Passagiere der leeren Plätze

Dieses Kapitel eröffnet mit dem Motiv der leeren Plätze, das in den Texten des dänischen Schriftstellers Martin Andersen Nexø Verteilungspraktiken und -utopien anzeigt, die mit der Fahrkarte assoziiert sind. Die Fahrkarte erhält dabei eine existenzielle Aufladung und steht im Kontext derselben Lebensnotwendigkeit, die auch der Rationierungsmarke eignet. Die leeren Plätze verweisen auf leere Mägen.

Die Verteilung von Gütern, insbesondere Nahrungsmitteln, ist ein wiederkehrendes Thema in Nexøs Texten. Dieses Kapitel liest eine Reihe dieser Texte vor dem historischen Hintergrund des Ersten Weltkriegs und seiner ökonomischen Folgen, insbesondere der Entwicklungen in Russland, die ein wichtiger Bezugspunkt seines Denkens und Schreibens waren. Dabei rückt das Spannungsfeld zwischen dem kriegsbedingten Mangel und der Hoffnung auf Verteilungsgerechtigkeit, die aus diesem Mangel mit der Einführung staatlicher Rationierungssysteme erwuchs, in den Vordergrund. In diesem Zusammenhang stellt sich auch die Frage nach der konkreten Form der Vorstellung von Verteilungsgerechtigkeit.

Lizzie Collingham schreibt in der Einleitung zu *The Taste of War*, das die Bedeutung der Nahrungsmittelversorgung im Zweiten Weltkrieg untersucht: »In theory, rationing systems were designed to prevent hoarding and to ensure the fair and equal distribution of food, in other words, to protect the entitlement to food of all sections of the population«,[081] nicht ohne darauf hinzuweisen, dass die Praxis oft anders aussah. Demgegenüber liefert Felix Wemheuer für Russland – bezogen auf die hier relevante Zeit des Ersten Weltkriegs und der daran anschließenden Jahre – eine kritischere Einschätzung schon der ideologischen Ebene: »The Soviet constitution of 1918 and of 1936 (paragraphs 18 and 12) included the principle that ›he who will not work, shall not eat‹. Neither the German social democrats nor the Bolsheviks treated access to food as a human right; it was one to be earned.«[082] Lars Lih, der den Nahrungsversorgungssystemen eine zentrale Bedeutung für die Entwicklungen nach der Russischen Revolution zuschreibt, erklärt: »Unlike earlier governments, the Bolsheviks were not committed to an egalitarian rationing system.«[083] Zeigte eine Rationierungskarte eine bourgeoise Kategorie an, markierte sie einen Pariastatus, der eine Person effektiv außerhalb des Gesetzes positionierte.[084] Diese Einschätzungen illustrieren, dass sich Rationierung schon auf der Vorstellungsebene sowohl mit Berechtigung als auch Entrechtung verbindet.

Nexøs Texte umgehen das Problem, dass Menschen von der Versorgung ausgeschlossen werden, indem sie die Sowjetunion als ein Land imaginieren, in dem zwar Mangel herrscht, aber keine tödliche Not. Zugleich zeigt ihre Publikationsgeschichte jedoch, dass sie unter dem Vorzeichen der Hungersnot in der Sowjetunion stehen. Doch ist in den Texten der Kapitalismus der Ort des Mangels, den es hinter sich zu lassen gilt.

Dass uns in diesem Zusammenhang das Motiv des Zuges in die junge Sowjetunion führt, passt insofern, als die Eisenbahn als »Sinnbild [...] für die Dynamik der Revolution enthusiastisch gefeiert«[085] wurde.

In Russland war während des Ersten Weltkriegs ein Rationierungssystem eingeführt worden, das von den Bolschewiken zunächst übernommen wurde und sich im Bürgerkrieg massiv ausweitete. Der sogenannte Kriegskommunismus entdeckte daraufhin Rationierung als ein Instrument auf dem Weg zu einer geldlosen Gesellschaft.[086] Rationierung markiert aus dieser Perspektive einen Übergang auf dem Weg zum Kommunismus. Dieser Utopie von der Abschaffung des Geldes gehe ich in den Spuren von Martin Andersen Nexøs Texten nach.

»Ich sitze im Expresszug und rolle hinaus in den dänischen Sommer«,[087] eröffnet die Erzählung »De tomme Pladsers Passagerer« (Die Passagiere der leeren Plätze), die 1921 in einer gleichnamigen Sammlung von Erzählungen erschien.

»An einem solchen Tag könnte man wünschen, all seine Landsleute auf eine Tour durch das Land Dänemark mitzunehmen – und dabei namentlich diejenigen, die es selten oder niemals zu sehen bekommen. Es sind nicht viele im Zug; in dem langen Seitengangwagen, in dem ich meinen Platz habe, wohl insgesamt zwanzig Reisende. Der Wagen kann insgesamt ca. eineinhalb Hundert Passagiere fassen. Umso mehr gähnen die leeren Plätze.«[088]

Der einzige Mitreisende im Abteil fühlt sich nicht von den leeren Plätzen gestört, möchte gerne, dass die Plätze frei bleiben. Dessen Ansicht, so der Erzähler, sei die vorherrschende.

»Für die meisten Reisenden hier im Leben sind wohl die leeren Plätze schlicht und ergreifend ein behaglicher Anlass, die Beine auszustrecken; aber dem ein oder anderen passiert es, dass sie lebendig werden – lebendiger noch als die besetzten – und ihm eine Welt menschlicher Sehnsüchte und menschlicher Entbehrungen offenbaren. Über den leeren Plätzen flattert ein ewig kreisender Schwarm ausgehungerter Menschenseelen.«[089]

081 Lizzie Collingham: *The Taste of War. World War Two and the Battle of Food*, London 2011, S. 11.

082 Felix Wemheuer: »Dining in Utopia: An Intellectual History of the Origins of the Public Dining«, in: Matthias Middell/Felix Wemheuer (Hg.): *Hunger and Scarcity under State-Socialism*, Leipzig 2012, S. 277–301, hier S. 293, vgl. auch S. 294 f.

083 Lars T. Lih: *Bread and Authority in Russia, 1914–1921*, Berkeley, Los Angeles, Oxford 1990, S. 243, vgl. ebd., S. 243 f.

084 Vgl. ebd., S. 252.

085 Ludger Kaczmarek: »Eisenbahn im Film«, 12.10.2012, https://bit.ly/2O0eNff (zuletzt aufgerufen am 21.9.2018).

086 Vgl. Oleg Khlevnyuk/R.W. Davies: »The End of Rationing in the Soviet Union, 1934–1935«, in: *Europe-Asia Studies*, 51/4, (Juni 1999), S. 557–609, hier S. 559. Eine Problematisierung des Begriffs »Kriegskommunismus« unternimmt Lih, *Bread and Authority*, S. 266, 269.

087 Martin Andersen Nexø: »De tomme Pladsers Passagerer«, in: ders.: *Samlede Fortællinger*, Bd. III: 1919–1946, hg. v. Henrik Yde, [Kopenhagen] 2013, S. 128–132, hier S. 128. Alle Übersetzungen aus dem Dänischen stammen von mir. Ich habe dabei folgende Übersetzungen zu Rate gezogen: Martin Andersen Nexö: *Die Passagiere der leeren Plätze. Ein Buch in 14 Erzählungen und einem Vorspiel. Mit 12 Zeichnungen von George Grosz*, Berlin 1921; Martin Andersen Nexö: *Die Passagiere der leeren Plätze. Skizzen und Novellen*, übers. v. Ellen Schou und Karl Schodder, Berlin 1951; Martin Andersen Nexö: *Dem jungen Morgen zu! Schilderungen von einer Russlandreise*, übers. v. Berta Selinger, Konstanz 1923.

088 Nexø, De tomme Pladsers Passagerer, S. 128.

089 Ebd., S. 129.

Die Verbindung von Reise und Leben deutet an, dass hier nicht allein die Situation der Eisenbahnfahrt verhandelt wird. Es geht vielmehr um ein übergreifendes Prinzip, eine Verknappung, die Überfluss für wenige herbeiführt und viele vom Konsum ausschließt. Dieser Ausschluss erzeugt eine andere Art von Überschuss: eine Fülle von Sehnsüchten und Entbehrungen, die sich demjenigen offenbart, der am Konsum teilhat, aber zugleich den Ausgegrenzten durch seine Herkunft verbunden ist.

Diese sozioökonomische Position des Erzählers – Zugang zu Konsum nach vorangegangener Armut – unterstreicht die unbetitelte Einleitung der Erzählsammlung. Darin tritt ein Ich auf, das sich als Teil einer Reihe von Sklaven identifiziert, »deren verfluchtes Los es ist, die Erde zu einem bequemen Aufenthaltsort für einige Auserwählte zu machen«.[090] Als der Erzähler lungenkrank wird, ist er todgeweiht, wird aber durch eine gutherzige Frau gerettet, die ihm eine Reise nach Italien finanziert.

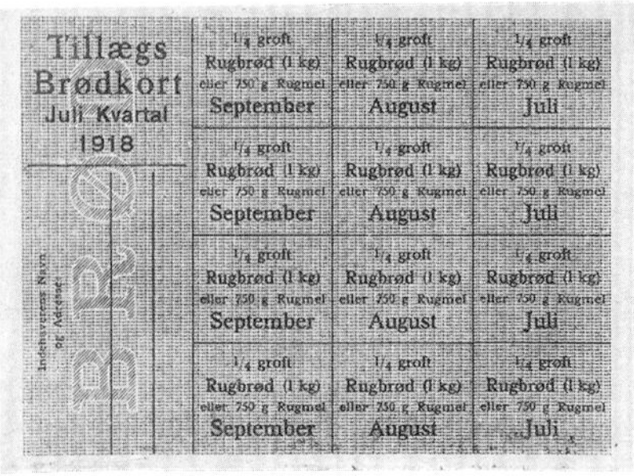

Tillægs Brødkort Juli Kvartal 1918

Indehaverens Navn og Adresse

1/4 groft Rugbrød (1 kg) eller 750 g Rugmel September	1/4 groft Rugbrød (1 kg) eller 750 g Rugmel August	1/4 groft Rugbrød (1 kg) eller 750 g Rugmel Juli
1/4 groft Rugbrød (1 kg) eller 750 g Rugmel September	1/4 groft Rugbrød (1 kg) eller 750 g Rugmel August	1/4 groft Rugbrød (1 kg) eller 750 g Rugmel Juli
1/4 groft Rugbrød (1 kg) eller 750 g Rugmel September	1/4 groft Rugbrød (1 kg) eller 750 g Rugmel August	1/4 groft Rugbrød (1 kg) eller 750 g Rugmel Juli
1/4 groft Rugbrød (1 kg) eller 750 g Rugmel September	1/4 groft Rugbrød (1 kg) eller 750 g Rugmel August	1/4 groft Rugbrød (1 kg) eller 750 g Rugmel Juli

Abb. 33

Bei einem Aufenthalt in Kopenhagen lernt er eine alte Frau kennen, die sich wünscht, in ihren Heimatort zurückzukehren, um dort beerdigt zu werden. Doch sie ist zu arm, sich die Fahrkarte zu leisten, und ihre Versuche, schwarzzufahren, scheiterten an den Kontrolleuren – obwohl sie niemandem dem Platz weggenommen habe, wie sie erklärt. Die Begegnung mit dieser Frau öffnet dem Erzähler die Augen für die Ungerechtigkeit des Daseins, welche die Armen mit Fatalismus ertragen. »Doch es kam etwas Neues hinzu – vielleicht war das darauf zurückzuführen, dass ich auf die positive Seite gekommen war und einen Vergleich ziehen konnte. Es *könnte* anders sein, in jedem Fall was die alte Frau betraf – ich sah die *leeren Plätze!*«[091]

Die Wahrnehmung der Ungleichheit verstärkt sich noch, als auf der Fahrt in den Süden gehalten wird, um den Zug eines Millionärs überholen zu lassen, der mit Koch und Diener allein in einem Zug nach Ägypten reist und dafür die ganze Bahnlinie gemietet hat: »Das Geld hatte seine Allmacht offenbart, und die Stimmung stand auf Ehrfurcht.«[092]

Für den Erzähler gewinnt der Millionär jedoch eine eigene Bedeutung: Er denkt an den Mangel der Ausgestoßenen, einen Mangel, an dem diese zugrunde gehen, und nimmt nicht mehr nur die leeren Plätze, sondern auch deren Passagiere wahr; Unsichtbare, die ihn bis in die Träume begleiten und beunruhigen.[093]

Diese Wahrnehmung der Passagiere der leeren Plätze steht im Zentrum der gleichnamigen Erzählung: Als der Erzähler aus einem Nickerchen erwacht, ist das Abteil von Passagieren erfüllt. Eine alte Frau sitzt da, »wie ein fremder Vogel, der bereit ist, beim geringsten Anlass abzuheben«.[094] »Lette«, hier mit »abheben« übersetzt, weist eine Fülle von Bedeutungsvarianten auf.[095] Das Verb geht auf das Adjektiv »let«, »leicht«, zurück. Das im flatternden Schwarm der Menschenseelen bereits eingeführte Vogelmotiv wird an dieser Stelle mit einer Leichtgewichtigkeit verbunden, die wiederum an das Ausgehungertsein anschließt. Auch eine Familie hat sich im Abteil eingefunden, »Mann, Frau und drei Kinder – und offenbar bis vor Kurzem noch Verheerungen ausgesetzt. Sie sind eingefallen und von blauer Gesichtsfarbe, mit tiefliegenden Augen, die beinahe wie leere Höhlen starren.«[096] Die Kleider dieser Mitreisenden sind steif wie Leichentücher. Als der Erzähler die Hand der alten Frau ergreift, ist sie eiskalt. Offensichtlich handelt es sich um Untote – beziehungsweise um jene Unsichtbaren, die der Einleitung zufolge für einige Menschen sichtbar sind.[097] Die alte Frau berichtet dem Protagonisten, dass sie zu ihrem Geburtsort reist, zu dem Friedhof, auf dem sie beerdigt werden möchte.[098]

Während die alte Frau zum Sterben hinausreist, will die Familie leben. Eine magere jüngere Frau entschuldigt sich für ihre undeutliche Aussprache, sie habe ihr Gebiss verkauft, um Wichtigeres bezahlen zu können. Ihr Husten pflanzt sich auf Mann und Kinder fort – »ein trockener Husten, der hohl schallte, als ob sie keine Lungen hätten«.[099] Das Motiv der Leere erweitert sich von den leeren Plätzen um leere Augenhöhlen, Münder, Mägen und Brustkörbe; die Körperlichkeit der Erfahrung ist dabei durch die Geisterhaftigkeit ihrer Erscheinung gebrochen.

090 Martin Andersen Nexø: »o. T. [Indledning]«, in: ders.: *Samlede Fortællinger*, Bd. III: 1919–1946, hg. v. Henrik Yde, [Kopenhagen] 2013, S. 119–122, hier S. 119.
091 Nexø, [Indledning], S. 121.
092 Ebd., S. 122.
093 Vgl. ebd.
094 Nexø, De tomme Pladsers Passagerer, S. 129.
095 Vgl. *Ordbog over det danske Sprog*, https://bit.ly/2MRK6Eg (zuletzt aufgerufen am 21.9.2018).
096 Nexø, De tomme Pladsers Passagerer, S. 129.
097 Vgl. Nexø, [Indledning], S. 122.
098 Er erkennt die Frau aus dem Kopenhagener Arbeiterviertel Nørrebro wieder, die ihm bereits in der unbetitelten Einleitung zur Erzählsammlung begegnet war. Dadurch wird nahegelegt, dass die Erzähler identisch sind. Die Lungenkrankheit und die durch eine reiche Gönnerin ermöglichte Reise nach Italien sind zugleich eine biografische Parallele zu Nexøs Person, die hier dazu beiträgt, die Abgrenzung von Realität und Fiktion zu verwischen. So identifiziert Jørgen Stender Clausen den Erzähler mit Nexø. Vgl. Jørgen Stender Clausen: »Kunsten og den folkelige kultur. Martin Andersen Nexø: De tomme Pladsers Passagerer«, in: Mogens Brøndsted (Hg.), *Kortprosa i Norden. Fra H. C. Andersens eventyr til den moderne novelle. Akter fra den XIV studiekonference for skandinavisk litteratur i Odense 1982*, Odense 1983, S. 391–397, hier S. 391. Ich halte an der Trennung zwischen Autor und Erzählinstanz fest.
Zum biografischen Hintergrund vgl. Børge Houmann: *Martin Andersen Nexø og hans samtid 1869–1919*, Kopenhagen 1981, S. 136–141. Houmanns Biografie ist weniger kritisch, aber detail- und materialreicher als Aldo Keel: *Der trotzige Däne. Martin Andersen Nexø. Eine Biographie*, Berlin 2004.
Das Motiv der Passagiere der leeren Plätze wird in den *Erindringer* (Erinnerungen) von Nexø zurückgeführt auf die Erzählung »Ann' Mari's Rejse« (Anne Maries Reise) (1915), die die Begegnung eines Ich-Erzählers mit einer alten Frau aus Jütland schildert, die sich ihr ganzes Leben auf eine Reise nach Kopenhagen gefreut hat und, als sie die Reise endlich antreten kann (um einen Arzt aufzusuchen), vor dem Ziel kollabiert und wenig später stirbt. Die leeren Plätze treten in dieser Erzählung aber noch nicht auf. Vgl. Martin Andersen Nexø: »Ann' Mari's Rejse«, in: ders.: *Samlede Fortællinger*, Bd. II: 1911–1918, hg. v. Henrik Yde, [Kopenhagen] 2013, S. 145–151; Martin Andersen Nexø: *Erindringer II. For Lud og koldt Vand. Vejs Ende*, hg. v. Henrik Yde, Borgen 1999, S. 522; Faith und Niels Ingwersen: *Quests for a Promised Land. The Works of Martin Andersen Nexø*, Westport, Conneticut, London 1984, S. 98 f.
099 Nexø, De tomme Pladsers Passagerer, S. 130.

Die Familie ist schwindsüchtig und will zum Strand reisen. »Der Mann dort war Bürstenbinder, und wir alle mussten mithelfen, um das Essen zu verdienen«,[100] erklärt die junge Frau.

»›Ist er es jetzt nicht mehr?‹, fragte ich. Mich streifte der ein oder andere Gedanke; wer weiß, vielleicht hatten sie es verstanden, die Kriegssituation auf die ein oder andere Weise auszunutzen. Die ganze Familie sollte zur Küste; es musste Gulasch sein, wenngleich vielleicht von der kümmerlichsten Art.

›Nein‹, antwortete sie hell. ›Dann kam ja der Krieg – oder besser die Teuerung, die daraus folgte – und half uns über alle Schwierigkeiten hinweg. Wir konnten schlicht nichts mehr dazu bekommen auszureichen, nicht einmal für das bloße Brot – so elend klein waren unsere Schillinge geworden. Aber dann trafen wir den *Propheten aus dem Tommerum*.‹«[101]

Tommerum, wörtlich der leere Raum, weckt im Dänischen Assoziationen von Einförmigkeit, der Tretmühle der Arbeit und des Lebens, kann aber auch Einsamkeit oder Freizeit bedeuten.[102] Hier vereint der Ausdruck die Aspekte der Leere, die der Text an diesem Punkt bereits entwickelt hat, und gibt ihnen eine neue Wendung.

Es ist eine vom Krieg geprägte Ökonomie, die den Propheten aus dem bzw. vom – beide Übersetzungsvarianten sind möglich – Tommerum auftreten lässt. In dieser Figur klingt einerseits das Umschlagen des kriegsbedingten Mangels in eine utopische Befreiung von diesem an. Die durch den Krieg entstandene ökonomische Situation wird andererseits im Motiv des Gulaschs mit plötzlich vorhandenem Reichtum assoziiert; es eröffnet einen Horizont von Nahrungsmittelspekulation und -fälschung: Im Ersten Weltkrieg hatte das neutrale Dänemark teils minderwertige landwirtschaftliche Produkte und verarbeitete Nahrungsmittel zu hohen Preisen insbesondere nach Deutschland exportiert. Die sogenannten Gulaschbarone standen für die Möglichkeit rasanten gesellschaftlichen Aufstiegs; als Gulasch wurde auch deklariert, was wenig mit dem Gericht gemein hatte.[103] Das Stichwort »Gullasch« im *Ordbog over det Danske Sprog* (Wörterbuch der dänischen Sprache) verzeichnet deshalb als zweite Wortbedeutung (nach dem Fleischgericht) seit ca. 1915 das Betreiben von und Verdienen an »Spekulation mit kriegsnotwendigem Bedarf [Krigsfornødenheder] u. dergl., insbesondere durch Export; Reichtum, der auf die angegebene Weise verdient wurde; auch im Allg. schnell (oder mit weniger feinen Mitteln) erworbener Reichtum; außerdem die ganze Lebensweise und das Betragen der so entstandenen reichen Klasse (Verschwendungssucht, Großzügigkeit [flothed[104]] usw. neben Geschmacklosigkeit und Unbildung)«.[105] Auf diese Wortbedeutung ist die Vermutung des Erzählers bezogen.

Doch die Replik der Frau verdeutlicht, dass die Familie nicht zu dieser Gruppe von Kriegsgewinnlern gehörte, sondern vielmehr zu jenem großen Bevölkerungsteil, der unter der Preissteigerung litt, die sich aus den Exporten ergab.

Weil die Importe ab- und die Exporte zunahmen, hatte Dänemark im Ersten Weltkrieg erstmals nach langer Zeit einen Überschuss in der Zahlungsbilanz, was dazu führte, dass Gold und Fremdwährungen angezogen und von der Nationalbank für Papiergeld angekauft wurden. Dadurch verdoppelte sich der

Umlauf von Geldscheinen vom Ausbruch des Ersten Weltkrieges bis Anfang 1917 nahezu. Das trieb die Preise in die Höhe und befeuerte die Spekulation. Zwar war die Arbeitslosigkeit in dieser Zeit relativ niedrig, aber unter den steigenden Preisen litten insbesondere die ärmsten Bevölkerungsgruppen, Arbeiter und *husmænd*, d. h. abhängige Kleinbauern, deren Kaufkraft sank.[106] Die ökonomischen Gegensätze verschärften sich also. Die Teuerung und die kleinen Schillinge in der Erzählung deuten an, wie unsicher die Versorgung mit Nahrungsmitteln im Zuge dieser Finanz- und Landwirtschaftspolitik für die Ärmeren wurde.

Die Familie in der Erzählung gehört zur notleidenden Arbeiterklasse, als sie der Prophet des Tommerum zu seiner Gemeinde bekehrt. Aus Protest gegen die Teuerung, so die Aussage der jungen Frau, nimmt diese Gemeinde keine Nahrung zu sich. Die Kleidung, die man mit Eintritt in die Gemeinde erhält, muss niemals erneuert werden. Und alle Mitglieder der Gemeinde reisen gratis. Der Erzähler fragt, ob sie keine Fahrkarten haben, und denkt mit Sorge an den Schaffner. Aber der Schaffner nimmt die Reisenden gar nicht wahr. »Ja, alle leeren Plätze der Welt gehören uns, [...] und das sind viele. Wenn du es schwer hast, dich durchzuschlagen, solltest du zu uns gehen; bei uns gibt es keinen Mangel und alle haben gleich viel. Wir unterscheiden weder hoch noch niedrig; alle sind gleich für den Propheten aus dem Tommerum«,[107] erklärt die Frau dem Erzähler. Als der Zug die Fähre erreicht, scheinen die Mitreisenden zunächst verschwunden. Der Erzähler sieht sie jedoch kurz darauf an der Fähre inmitten einer Unzahl anderer Reisender, die »offenbar derselben Welt angehören«.[108] Am Ende bevölkern diese »Passagiere der leeren Plätze«[109] das teure Promenadendeck.

Der Umschlagpunkt der Leere ist gleichermaßen ästhetisch wie ökonomisch. Im Text wird ein Schallwort verwendet, das es in verschiedenen Varianten gibt – Tommerum, Trummerum, Tummerum usw.[110] Das entspricht seiner Funktion im Text: Es vereint unterschiedliche Bedeutungsvarianten, eine unsichere Verbindung von Zeichen und Bezeichnetem, in der aber der Körper – im lautmalerischen Sprechen und Hören – konstanter Bezugspunkt ist. Ob dieser Körper jedoch real ist oder nur vorgestellt wird, bleibt offen: Nexøs Erzählung siedelt die Leere an der Schwelle von Leben und Tod an und lässt uns im Ungewissen, auf welcher Seite wir uns befinden.

Die Leere sind die ausgehungerten Menschenseelen (die zwischen Materialität und Immaterialität, Dies- und Jenseitigkeit oszillieren), es sind Augen-

100 Ebd.
101 Ebd.
102 Vgl. den Eintrag »Tummerum« im *Ordbog over det danske Sprog*, online unter: https://bit.ly/2Ijddji (zuletzt aufgerufen am 21.9.2018).
103 Vgl. Erik Rasmussen: *Velfærdsstaten på Vej 1913–1939. Danmarks historie*, Bd. 13, hg. v. John Danstrup, Kopenhagen 1965, S. 79 f.; Svend Aage Hansen/Ingrid Henriksen: *Sociale brydninger 1914–1939. Dansk socialhistorie*, Bd. 6, Kopenhagen 1980, S. 40 f., 45.
104 »Flothed« kann auch Schick, Schneidigkeit, Kessheit und Verschwendung bedeuten.
105 https://bit.ly/2xwZgKe (zuletzt aufgerufen am 22.9.2018).
106 Rasmussen, *Velfærdsstaten*, S. 80–82; Hansen/Henriksen, *Sociale brydninger*, S. 42–50.
107 Nexø, De tomme Pladsers Passagerer, S. 131 f. »Dyrtid«, hier mit Mangel übersetzt, heißt auch »Teuerung«.
108 Ebd., S. 132.
109 Ebd.
110 Auf die Bedeutung dieser Tatsache hat mich Marlene Hastenplug aufmerksam gemacht, der ich hierfür herzlich danke.

höhlen, Brustkörbe und elend geringwertige Schillinge. Die Leere, der leere Raum, sind aber auch die freien Plätze, die trotz teils lebensnotwendigen Bedarfs nicht von denen ohne Fahrkarten genutzt werden dürfen. Es ist eine mehrdeutige Leere, die Fülle und Mangel die Plätze tauschen lässt, die existenzbedrohend und zugleich – vermittelt über die Figur des Propheten vom Tommerum – offen für eine ironische Aneignung ist; eine Leere, die von der Überfülle nicht zu trennen ist. Diese Mehrdeutigkeit erlaubt es, dass der Nahrungsverzicht zum Protest wird.

In der Einleitung von *De tomme Pladsers Passagerer* heißt es, es sei eine Gabe, die Unsichtbaren sehen zu können, aber sie sei nicht immer gleichermaßen gewinnbringend:[111] »Selbst Orpheus' Gesang konnte man anhören, dass er für die Schatten der Unterwelt gespielt und gesungen hatte – und sein Herz dort zurückgelassen.«[112] Der Erzähler verortet sich damit zwischen den Welten, der Welt der Reichen und der Armen, aber auch der realen Welt und der Welt der Gespenster, dem Reich der Lebenden und der Toten. Er bewegt sich zwischen Realität und Fiktion, und das gilt zugleich für das ökonomische Imaginäre des Textes.

Die »Unheimlichkeit ökonomischer Prozesse«,[113] die Joseph Vogl im *Gespenst des Kapitals* konstatiert, führt in Nexøs Texten zum Auftreten eines ganzen Arsenals unheimlicher Figuren, das sowohl die Opfer des Kapitalismus umfasst als auch die Personifikation seiner Ideologie.[114] Für diese Figuren gilt, was Christian Sternrad in seiner Derrida-Lektüre festhält: »Das Gespenst ist da, jedoch ohne da zu sein. [...] Der Modus seiner Präsenz ist gerade jener der angezeigten Schwellenpräsenz, die sich in einem undefinierten Zwischenraum aufhält. Wenn der Spuk losgeht, so verweist der Spuk auf ein Jenseits der bekannten Ordnung, ohne jedoch in dieses Jenseits zu wechseln.«[115]

Gespenster deuten in dieser Lesart ein Zerfallen der Ordnung überhaupt an.[116] Sie können auch als Symptom einer »gespenstisch gewordenen Wirklichkeit«[117] gelesen und hier als Gegenstück zum »Gespenst des Kommunismus«[118] begriffen werden, das mit der Russischen Revolution wiederauferstanden schien. Gespenstisch ist in Nexøs Texten der Kapitalismus, der unter anderem zum Auftreten des Propheten aus dem leeren Raum führt.[119]

Ein Verbindendes dieser Figuren ist womöglich der Kreislauf des Geldes, der für ihren jetzigen Zustand ursächlich und ebenso fiktiv (und dabei zugleich real) ist wie die literarischen Texte selbst und den es aufzuheben gilt, um die Körper der Arbeiter im Diesseits zu retten. Auf die Probleme dieses literarischen Rettungsversuches werde ich am Ende zurückkommen.

Freifahrten

Fahrkarten regulieren den Zugang zu einem Gut, das in der Erzählung als nur scheinbar knapp beschrieben wird: Der Preis der Fahrkarte führt dazu, dass Plätze frei bleiben, obwohl Bedarf besteht. Diese ausbleibende Versorgung bei eigentlich vorhandenen Kapazitäten wird mit der Eisenbahn verbunden, deren Hauptstrecken in Dänemark vom Staat betrieben wurden. Mitte der 1890er Jahre hatte zudem ein starker Ausbau privater Bahnstrecken begonnen, der durch staatliche Garantien und Zuschüsse gefördert wurde. Zu Beginn des 20. Jahrhunderts erwirtschaftete die dänische Eisenbahn Überschüsse.[120] Die Alternative zum marktwirtschaftlich ermittelten Preis – eine staatlich gesteuerte Verteilung – ist damit bereits potenziell in das System der Produktion und Distribution eingelassen, vorläufig jedoch, ohne die Zugänglichkeit des Produkts zu steigern.[121]

Die Fahrkarte selbst markiert einen Übergang: Mit der Bezahlung wird ein spezifischer Gutschein erworben, der zur Bahnfahrt berechtigt.[122] Die Fahrkarte vermittelt zwischen Preis und Platz, aber diese Vermittlung ist unvollkommen, weil der Preis für die meisten Menschen zu hoch ist, um den eigentlich reichlich vorhandenen Platz in Anspruch nehmen zu können. Die Parallele von Bahnreise und Lebensweg führt zu einer existenziellen Aufladung. Die klare Ordnung von Besitz und Berechtigung wird durch die leeren Plätze gestört. Sie sind Symptom einer durch Besitzlosigkeit begründeten Rechtlosigkeit, die als vitale Bedrohung erzählt wird – nur wer sich die Fahrkarte leisten kann, hat eine Chance, dem Tod zu entkommen, der mit Armut verbunden ist.

Die in *De tomme Pladsers Passagerer* kritisierte Koexistenz von Unterversorgung, Verschwendung und Überproduktion beschäftigte Nexø auch in den politischen Reden, die er für die Socialistisk Arbejderparti (Sozialistische Arbeiterpartei) hielt, in deren Vorstand er 1919 gewählt worden war.[123] Das geht

111 »Vindende« wird in der Regel mit gewinnend oder einnehmend übersetzt, was mir hier jedoch nicht ganz zutreffend scheint. Mein Dank gilt erneut Marlene Hastenplug, mit der ich Übersetzungsvarianten diskutieren durfte.

112 Nexø, [Indledning], S. 122.

113 Joseph Vogl: *Das Gespenst des Kapitals*, Zürich 2010, S. 7.

114 Zu dieser Personifikation s. u., S. 102—107.

115 Christian Sternrad: »Das Gespenst und seine Spektralität. Die hermeneutische Funktion des Gespensts, oder: eine phänomenologische Hantologie«, in: *Nebulosa — Zeitschrift für Sichtbarkeit und Sozialität* 3 (2013): Gespenster, hg. v. Eva Holling/Matthias Naumann/Frank Schlöffel, S. 27—41, hier S. 36.

116 Vgl. ebd., S. 35.

117 Lorenz Aggermann/Ralph Fischer/Eva Holling/Philipp Schulte/Gerald Siegmund: »Enter Ghost«, in: dies. (Hg.*): »Lernen, mit den Gespenstern zu leben«. Das Gespenstische als Figur, Metapher und Wahrnehmungsdispositiv in Theorie und Ästhetik*, Berlin 2015, S. 9—13, hier S. 10.

118 Karl Marx/Friedrich Engels: *Manifest der kommunistischen Partei*, Berlin 1969, S. 7.

119 Und damit eines Repräsentanten des Mangels, der mit Roths Hungergeist vergleichbar ist. S. o., S. 80 f.

120 [o. Vorname] Andersen: »Dänische Eisenbahn«, in: Freiherr v. Röll, *Enzyklopädie des Eisenbahnwesens*, Bd. 3, 2. Aufl., Berlin. Wien 1912, S. 213—220; Markus Klenner: *Eisenbahn und Politik 1758—1914. Vom Verhältnis der europäischen Staaten zu ihren Eisenbahnen*, Wien 2002, S. 88 f.

121 Darin lässt sich für die Eisenbahn eine strukturelle Parallele zur bei David Graeber beschriebenen Wahrnehmung des Postwesens als rationaler und effizienter (Verteilungs-)Organisation erkennen. Einerseits schien es Lenin — hier zitiert Graeber aus *Staat und Revolution* — geboten, die Nationalökonomie vollständig nach dem Vorbild des Postwesens zu organisieren. Dazu gehörte, dass alle das gleiche Gehalt, das sich an dem eines durchschnittlichen Arbeiters orientiert, beziehen sollten, und dass die Ökonomie der Kontrolle eines bewaffneten Proletariats (und damit dem erhofften Staat) unterstehen sollte. Andererseits hatte die Organisation wirtschaftlicher Prozesse nach dem Vorbild des Postwesens — und damit verbunden die Verstaatlichung — zu Beginn des 20. Jahrhunderts auch für US-amerikanische Progressivisten noch utopisches Potenzial, weil sie als effizient galt. Vgl. David Graeber: *Bürokratie. Die Utopie der Regeln*, übers. v. Hans Freundl/Henning Dedekind, Stuttgart 2016, S. 190—193.

122 Der Gutscheinbegriff schließt an Thomas Eger und Peter Weise an. Der in Nexøs Erzählung aufgemachte ökonomische Zusammenhang von Überproduktion und Unterversorgung weicht aber von Egers und Weises Überlegungen deutlich ab. Vgl. Thomas Eger/Peter Weise: »Gutscheine und Zertifikate«, in: Manfred Tietzel (Hg.), *Ökonomische Theorie der Rationierung*, München 1998, S. 33—75, hier S. 35 f.

123 Vgl. Børge Houmann: *Nu — eller aldrig. Et manuskript og nogle breve der belyser Martin Andersen Nexøs revolutionære virke i 1919*, o.O. 1969, S. 15.

aus einem Vortragsmanuskript desselben Jahres hervor, in dem die kaum übersetzbaren Stichworte »(Æventyret om Fattigper. / Lossepladser – Overproduktion / Prinsevugge / Tomme Pladser)«[124] – in etwa: »(Das Märchen vom armen Mann. / Müllplätze – Überproduktion / Prinzenwiege / Leere Plätze)« – stehen. Anschließend wendet er sich in diesem Manuskript gegen die liberale Vorstellung, freie Konkurrenz würde das Gemeinwohl befördern – und erinnert z. B. an Nahrungsmittelspekulation in der Kriegszeit.[125] Nexø erklärt, er glaube fest daran, dass es genug für alle gebe, es müsse nur richtig verteilt werden. Um eine ausgeglichene Verteilung durchzusetzen, könne auch Zwang notwendig werden.[126] Die Rede schließt an das Motiv der leeren Plätze an, wenn es heißt:

»Die Unterklasse war lange genug wie der *Heizer* im Bauch[127] des Luxusdampfers, der aus der unerträglichen Hölle das Ganze vorantreibt – unter unfassbaren Entbehrungen; und der einen Tritt bekommt, wenn er sich auf das Deck unter die dösenden Luxuswesen in den Liegestühlen wagt. [...] – *Es ist Platz genug in der Sonne für alle.*«[128]

Dieser Text steht in enger Beziehung zu den Entwicklungen in Russland. Nexø hatte auch *De tomme Pladsers Passagerer* »DEM KÄMPFENDEN RUSSISCHEN VOLK«[129] gewidmet; die Erlöse sollten notleidenden russischen Kindern zukommen.[130] Er war ein begeisterter Anhänger der revolutionären Politik der Bolschewiken und trat unter dem Eindruck der Oktoberrevolution in die Socialistisk Arbejderparti ein. Die reformorientierte sozialdemokratische Partei, der er über Jahre hinweg eng verbunden war, verachtete er zu diesem Zeitpunkt dafür, den Abbruch der diplomatischen Beziehungen Dänemarks zu Sowjetrussland mitzutragen.[131] In der zitierten Rede verteidigte er die Gewalt der Russischen Revolution, indem er die vermeintlich lächerlich geringe Zahl ihrer Opfer gegen die des Ersten Weltkriegs setzte, den Kapitalismus in Metaphern des Krieges beschrieb und schließlich zu dessen Ursache erklärte.[132]

Nexø sollte das Land, das er so bewunderte, ein Jahr nach Erscheinen von *De tomme Pladsers Passagerer* selbst besuchen. Kurz nach seiner Rückkehr nach Dänemark erschien sein Russland-Reisebuch *Mod Dagningen* (1923, deutsche Übersetzung unter dem Titel *Dem jungen Morgen zu*). Es hatte sich zum Ziel gesetzt, dem in weiten Teilen Europas negativen Russlandbild ein positives entgegenzusetzen, das zugleich entschieden an der kommunistischen Ideologie festhielt. Børge Houmann erklärt, dass Nexøs Wunsch, in Russland die Verwirklichung seiner Träume zu sehen, ihn auch von seinem Reisebegleiter George Grosz unterschied, der das Buch ursprünglich illustrieren sollte (er hatte bereits die deutsche Erstausgabe von *De tomme Pladsers Passagerer* bebildert). Grosz erklärte später, er habe gespürt, dass dies kein Land für ihn und seine Kunst sei. Weil er kein Proletarier war, habe er auch nicht »befreit« werden können. Demgegenüber stand Nexøs sehr positive Wahrnehmung der jungen Sowjetunion. Grosz und Nexø trennten sich bereits in Petrograd und gaben den Plan einer Zusammenarbeit auf.[133]

Auch in *Mod Dagningen* tritt die Eisenbahn als Sinnbild ökonomischer Verhältnisse auf:

»Eine neue Gesellschaftsordnung war proklamiert worden und erschreckte die Welt, das Essen wurde gleichmäßig an alle verteilt, die Privatspekulation war abgeschafft, das Theater war gratis – und die Eisenbahn! Es gab nicht viel von irgendetwas; aber das Wenige, das es gab, gehörte allen. Man teilte – wenn nichts anderes, so doch die Not.[134]

Heute ist es dem Anschein nach anders. Die Eisenbahnen haben zwei oder drei Klassen wie andernorts in der Welt, und man muss im Besitz von Geld sein, um mit ihnen reisen zu können; das Ziel ist nun, sie zu heben – nicht auf das vorherige Niveau, denn das haben sie erreicht – sondern auf westeuropäisches.«[135]

Das Zitat entstammt dem letzten Kapitel von *Mod Dagningen*, »ZAR NEP (Et Tilbageblik)« – auf Deutsch: ZAR NEP (Ein Rückblick) –, das die Neue Ökonomische Politik (kurz: NEP) beleuchtet. Vor der Einführung der NEP wurde, so die Projektion des Textes, das Essen gerecht verteilt, es gab keine Spekulation und kostenlose öffentliche Dienstleistungen – wie die Fahrt mit der Eisenbahn. In dieser Schilderung scheint eine verlorene Utopie auf, welche die NEP zunichtemacht. Die klassenlose Gesellschaft der Gratis-Eisenbahnnutzung weicht der Klassenspaltung in der Personenbeförderung, die mit Geld einhergeht. Die kommunistische Utopie ist Vergangenheit; dazu hat die Konkurrenz mit Westeuropa beigetragen, das sich nicht, wie von sozialistischen Politikern anfangs erhofft, rasch der Revolution angeschlossen hatte.

Der vorgeblich nichtfiktionale Reisebericht ist auf der Ebene der imaginierten Verteilungsgerechtigkeit im Motiv der Gratis-Eisenbahnnutzung somit aufs Engste mit der fiktionalen Erzählung »De tomme Pladsers Passagerer« verwandt. Doch geht diese Verwandtschaft vermutlich auf Kosten der Repräsentation der Realität, die Nexø gesehen hat.

124 Ebd., S. 23. »Fattigper« ist ein feststehender Begriff, wörtlich: »armer Per«, und kann auch als Gegenstück zum »Lykke-Per«, dem Glücks-Per, gelesen werden, der als Romanfigur bei Pontoppidan Nexøs Anerkennung genoss. Vgl. zum Lykke-Per bei Nexø z. B. Naomi Lebowitz: »The World's Pontoppidan and his Lykke-Per«, in: *Scandinavian Studies*, 78/1 (2006), S. 43–70, hier S. 49.

125 Vgl. Houmann, *Nu – eller aldrig*, S. 23–26.

126 Vgl. z. B. ebd., S. 28 f., 31.

127 »Bund«, wörtlich »Boden, Grund, Sohle, unteres Ende«.

128 Ebd., S. 33 f. Später ist noch einmal das Stichwort »(De tomme Pladsers Passagerer)« eingefügt beim Aufruf, kameradschaftlich an Russland zu denken, das gerade die Zukunft erobere. Ebd., S. 38.

129 Nexø, De tomme Pladsers Passagerer, n.p. [S. 117].

130 Der Verkauf lief allerdings so schleppend, dass keine nennenswerten Erlöse anfielen. Vgl. Børge Houmann: *Martin Andersen Nexø og hans samtid 1919–1933*, Kopenhagen 1982, S. 94; Martin Andersen Nexø: *Samlede Fortællinger*, Bd. IV: Efterskrift og noter, hg. v. Henrik Yde, [Kopenhagen] 2013, S. 52–54.

131 Zu Nexøs revolutionärer Phase vgl. Houmann, *Nu – eller aldrig*; Houmann, *Martin Andersen Nexø og hans samtid 1919–1933*, S. 11–45.

132 Vgl. Houmann, *Nu – eller aldrig*, S. 21–28.

133 Vgl. Houmann, *Martin Andersen Nexø og hans samtid 1919–1933*, S. 141 f. Die Aussagen von Grosz zitiert Houmann nach George Grosz: »Russlandreise 1922«, in: *Der Monat* 5/56, Berlin, Mai 1953, S. 135–152

134 Der Satz »Man var fælles – om ikke om andet saa dog om Nøden.« enthält die Wendung »at være fælles«, die man mit »teilen« oder »gemeinschaftlich besitzen« übersetzen kann; »at være« heißt außerhalb dieser Wendung »sein«, »fælles« bedeutet »gemeinsam, gemeinschaftlich, kollektiv« und hat somit eine stärker marxistische Konnotation als die hier vorgeschlagene Übersetzung.

135 Martin Andersen Nexø: *Mod Dagningen. Skildringer fra Rusland*, Kopenhagen 1923, S. 193 f.

Die ungerechte Verteilungssituation wurde schon in der unbetitelten Einleitung von *De tomme Pladsers Passagerer* mit der Figur des eine ganze Eisenbahnstrecke blockierenden Millionärs an die Allmacht des Geldes gebunden. Geld und Gerechtigkeit schließen einander aus, da die Allmacht des Geldes den Mangel der Vielen verursacht.

»Traditionally the socialist movement has characterized the distribution principle for society at the highest stage of communism as ›to each according to his needs‹. This would permit an allocation system which completely eliminated money«,[136] erklärt János Kornai in *Economics of Shortage*. Der Traum einer geldlosen Allokation ließe sich auch aus Nexøs Erzählungen ableiten und muss in einem umfassenderen Entstehungszusammenhang begriffen werden: Das ökonomische Imaginäre – und damit verbunden: das Imaginäre der Tauschmittel – öffnete sich in den 1910er und 1920er Jahren; es entstand ein erweiterter Vorstellungshorizont im Hinblick auf die Beziehung zwischen Staat und Geld beziehungsweise Staat und Markt.

Nexøs revolutionäre Begeisterung war zugleich eine Begeisterung für ein ökonomisches Modell und sie war besonders stark in der Phase, die retrospektiv als Kriegskommunismus bezeichnet wurde und den Zeitraum von 1918 bis 1921 umfasst. Das obige Zitat aus *Mod Dagningen* zeigt, dass er einen utopischen Idealzustand der Verteilungsgerechtigkeit – wenngleich unter dem Vorzeichen des Mangels – in diesen Zeitraum projizierte.

Das von ihm entworfene Bild entspricht nur sehr begrenzt den realen wirtschaftlichen Verhältnissen dieser Periode. Die ökonomische Politik der Bolschewiken im sogenannten Kriegskommunismus war nicht einheitlich und verlief teils ungesteuert, bestand aber in groben Zügen in einer Verstaatlichung, die vor allem größere Industriebetriebe betraf und sich auch auf kleinere Betriebe erstreckte. Die Verteilung von Gütern und Dienstleistungen sollte staatlich organisiert und an Arbeitsleistung und Klassenzugehörigkeit gebunden werden. Lars Lih erklärt, dass eine Kürzung von Rationen auch zur Disziplinierung von Arbeitern und Arbeiterinnen eingesetzt wurde.[137] Robert W. Davies weist auf den Unterschied zwischen Theorie und Praxis hin:

»The core of ›War Communism‹ was the compulsory acquisition of grain and other foodstuffs from the peasants, by the state and its agencies, using armed force where necessary. The peasants received little or nothing in return. In theory, the central authorities allocated a quota to each region, and the quotas were in turn divided among the villages. In practice, requisitioning was extremely arbitrary. The requisitioned foodstuffs were distributed to the army and in the towns; in the towns an elaborate rationing system was introduced, graded according to the occupation of the consumer.

Industrial consumer goods were also brought under close central control, at least in principle.«[138]

Die Politik zielte auf eine staatliche Kontrolle aller ökonomischen Aktivitäten ab; de facto existierten jedoch stets illegale und halblegale Märkte parallel zum staatlichen Verteilungssystem.[139]

Es ist umstritten, wie sich die wirtschaftspolitische Linie dieser Phase beschreiben lässt; insbesondere wird diskutiert, ob sie durch äußere Zwänge bestimmt oder ob sie die eigentlich kommunistische Phase der Wirtschaftspolitik war, der eine (Wieder-)Annäherung an den Kapitalismus folgte.[140] Festhalten lässt sich jedoch, dass in dieser Phase die weitreichende ökonomische Vision einer vollständigen Abschaffung der Marktwirtschaft, des Privateigentums und des Geldes artikuliert wurde.

Jonathan R. Zatlin weist in *The Currency of Socialism* darauf hin, dass die ökonomische Planung in »Soviet-style economies«[141] von einer Antipathie gegenüber dem Geld geprägt war, die grundlegend ist, um die Rechtfertigung der zentralen Planung sowie die Mechanismen zu verstehen, durch die Preise zum Ausdruck politischer Werte und Hierarchien wurden. Er vertritt die These, das Scheitern der sozialistischen Alternative zum Kapitalismus sei auch auf eine »confusion of money with the market«[142] zurückzuführen. Auch Gavin Peebles stellt für die frühe Sowjetunion die Bedeutung der Utopie der Geldlosigkeit heraus.[143]

Am prominentesten formulierte die Vision einer geldlosen Gesellschaft in der jungen Sowjetunion wahrscheinlich das von den revolutionären Ökonomen Nikolai Bucharin und Jewgeni Preobraschensky verfasste *ABC des Kommunismus* (1919), in dem es unter anderem heißt:

»Die kommunistische Gesellschaft wird kein Geld kennen. In ihr wird jeder Arbeiter Produkte für den gemeinsamen Gebrauch erzeugen. Er wird auch keine Bestätigung dafür erhalten, daß er das Produkt abgeliefert hat, d. h. er wird kein Geld bekommen. Gerade so wird er auch kein Geld an die Gesellschaft zahlen, wenn er etwas aus dem gemeinsamen Vorrat zu bekommen hat. Ganz anders ist es in der sozialistischen Ordnung, die als Uebergang vom Kapitalismus zum Kommunismus dienen soll. […] In der sozialistischen Gesellschaft wird […] die Warenwirtschaft zum Teil noch bestehen bleiben. […]

136 János Kornai: *Economics of Shortage*, Bd. B, Amsterdam, New York, Oxford 1980, S. 415.

137 Vgl. Lih, *Bread and Authority*, S. 204.

138 Robert W. Davies: »Changing Economic Systems: an Overview«, in: ders./Mark Harrison/Stephen G. Wheatcroft: *The Economic Transformation of the Soviet Union, 1913—1945*, Cambridge 1994, S. 1—23, hier S. 6.

139 Vgl. ebd. Für einen kompakten Überblick über diese Periode vgl. auch Hartmann Wunderer: *Die Russische Revolution*, Stuttgart 2014, S. 54—75.

140 Vgl. Davies, Changing Economic Systems, S. 6 f.; Don Lavoie: *Rivalry and Central Planning. The Socialist Calculation Debate Reconsidered*, Cambridge u. a. 1985, S. 10 f.; Silvana Malle: *The Economic Organization of War Communism, 1919—1921*, Cambridge u. a. 1985, S. 1—28. Während beispielsweise Martin Malia in seiner liberalen, antikommunistischen Interpretation der sowjetischen Geschichte den Kriegskommunismus als »Keimzelle des gesamten Sowjetexperiments« bezeichnet, sieht Karl Polanyi in ihm eine »völlig untypische […] Periode«. Martin Malia: *Vollstreckter Wahn. Rußland 1917—1991*, übers. v. Susanne Lüdemann/Ute Spengler, Stuttgart 1994, S. 138, vgl. ebd., S. 134—167; Karl Polanyi: *The Great Transformation. Politische und ökonomische Ursprünge von Gesellschaften und Wirtschaftssystemen*, übers. v. Heinrich Jelinek, 3. Aufl., Frankfurt a.M. 1995, S. 327.

141 Jonathan R. Zatlin: *The Currency of Socialism. Money and Political Culture in East Germany*, Cambridge u. a. 2009, S. 23; vgl. ebd., S. 3—6, 14.

142 Ebd., S. 3, 23.

143 Vgl. Gavin Peebles: *A Short History of Socialist Money*, Sydney, London, Boston 1991, S. 19—21.

Der Sozialismus ist aber der im Werden begriffene Kommunismus, ist unvollendeter Kommunismus. Mit dem Weiterschreiten des Bauwerkes muß das Geld aus der Verwendung verschwinden, und eines schönen Tages wird der Staat wahrscheinlich gezwungen werden, die absterbende Geldzirkulation endgültig abzuwürgen.«[144]

In ihrer Darstellung des Kriegskommunismus erklärt Silvana Malle, dass dieses für den Kommunismus vorgesehene Prinzip der Geldlosigkeit zunächst nicht die geldpolitischen Maßnahmen der Bolschewiken bestimmt zu haben scheint, obwohl nachträgliche Rationalisierungen der Erfahrung des Kriegskommunismus um 1920 dies gelegentlich nahelegten.[145] Die Nationalisierung des Bankensektors, einbrechende Steuereinnahmen und wachsende Inflation verursachten massive Probleme. Es wurden daraufhin Versuche unternommen, die zunehmend unkontrollierte Geldzirkulation unter Kontrolle zu bringen, insbesondere durch »the realization of mutual transactions without the intermediary of money tokens«.[146]

Dabei ging es ab dem Frühjahr 1918 vor allem darum, die Zirkulation von Geld auf der Produktionsseite zu verringern, die mit der Nationalisierung der großen Industrie aufgrund des damit verbundenen gesteigerten »money hunger« zunehmend problematisch geworden war. Die Problematik der Geldzirkulation im Konsumsektor – die für den Zusammenhang der Rationierung wesentlich ist – war von diesen Praktiken noch gar nicht berührt.[147]

»The Second Congress of *Sovnarkhozy*[148] agreed that abolition of money was the final goal of socialist society, but – apart from the homage to principles – the economic experts recognized that, so long as adequate funds of foodstuffs and consumer goods had not yet been formed, complete naturalization of wages was impossible. While the economic experts thus implicitly admitted that money issue was a forced tax falling also on factory workers, *The ABC of Communism* attempted a rationalization of this policy consistent with ideology.«[149]

Bucharin und Preobraschensky erkannten laut Malle, dass die Inflation fiskalische Eigenschaften aufwies, aufgrund deren das Geld nicht einfach abgeschafft werden konnte.[150] Sie erklärten, dass »die Emission von Papiergeld Steuern ersetzt und es dem proletarischen Staate ermöglicht, sich unter den ungeheuer schweren Verhältnissen zu halten«.[151] Das Substituieren von Steuern durch staatlichen Geldausstoß betraf – das machen Bucharin und Preobraschensky an dieser Stelle nicht explizit – alle, also auch die Arbeiterinnen und Arbeiter, und zwar solange die Löhne aufgrund fehlender Nahrungsmittel- und Konsumgüterbestände nicht naturalisiert werden konnten. Bucharin und Preobraschensky bemühen sich um eine ideologische Rechtfertigung dieser Tatsache, indem sie auf die Verhältnisse verweisen. Diese Aussage muss auch im Kontext der Verschärfung des militärischen Konflikts im Herbst 1918 gelesen werden, der den Bedarf an Geld erhöhte.[152]

Solange der agrarische Sektor noch nicht Teil der »Produktivkommune«[153] ist und »Privathandel im ausgedehnten Umfange betrieben wird«,[154] kann das Geld noch nicht abgeschafft werden, so Bucharin und Preobraschensky weiter. Sie erklärten das Fortbestehen des Geldes zu einer Übergangsphase und betrachteten Inflation als eine Möglichkeit, die wohlhabenden Klassen zu enteignen,[155] da sich ihr Vermögen durch die Entwertung des Geldes verringere.

Geld sollte zwar vorläufig nicht komplett abgeschafft werden, es wurden aber eine strikte Zentralisierung der Finanzpolitik, die lokale Sowjets daran hinderte, über eigene Budgets zu verfügen, und zugleich ein nicht-monetäres Verteilungssystem für einige Produkte und öffentliche Dienstleistungen eingeführt. Telegraf, Telefon und Postdienste, aber auch Kultur wurden beispielsweise kostenlos zugänglich gemacht. Allerdings regulierte eine Prioritätenskala diesen Zugang und trug somit der Knappheit Rechnung. Aufgrund der wachsenden finanziellen Desorganisation und der Inflation gewann zudem neben dem Geld- der Naturallohn an Bedeutung – obwohl dies ursprünglich nicht so vorgesehen war. Die erhoffte Angleichung der Löhne hingegen blieb aus.[156]

»By 1920 the considerable extend of centralization of distribution, the extensive spread of wages and premiums in kind, the application of *prodazverstka*[157] to an increasing number of products, aroused hopes that the market economy was definitely perishing and preparing the way for communist society. In summer, financing was totally centralized.«[158]

Theoretische Studien und ökonomische Maßnahmen waren in den Jahren 1920/21 bestimmt vom Glauben an das Ende des Geldzeitalters und die Notwendigkeit, neue Methoden ökonomischer Politik zu finden. Auch nachdem der Bürgerkrieg im April 1920 praktisch gewonnen war und ein Wiederaufbauprogramm begonnen hatte, gab es zunächst keine Anzeichen der Rückkehr zu einer orthodoxen Finanzpolitik mit dem Ziel, den Rubel wieder zu stabilisieren.[159]

»At the theoretical level, the economists worked on the project of substituting the *trudovaia edinitsa (tred)*, a labour unit of account, for the ruble. In the economic field, steps were taken to construct a systematic framework which would include wages in kind.«[160]

144 Nikolai Bucharin/Jewgeni Preobraschensky: *Das ABC des Kommunismus* (Archiv sozialistischer Literatur 14; Reprint einer Ausgabe von 1921), Frankfurt a.M. 1969, S. 340 f., vgl. bes. S. 327—342.

145 Vgl. Malle, *The Economic Organization of War Communism*, S. 165 f., s. auch ebd., S. 174 f. Vgl. ebenso die Kritik von John Burkett an Malles unentschiedener Argumentation im Hinblick auf die Finanzpolitik im Kriegskommunismus, John Burkett: »The Economic Organization of War Communism, 1918—1921 by Silvana Malle (Book review)«, in: *Journal of Economic Literature*, 25/4 (Dezember 1987), S. 1861—1863, hier S. 1862.

146 Malle, *The Economic Organization of War Communism*, S. 166.

147 Vgl. ebd.

148 Sovnarkhozy waren lokale Gremien der ökonomischen Regulierung, der zweite Kongress der Sovnarkhozy wurde im Dezember 1918 abgehalten, vgl. ebd., S. 206 f., 255, 259.

149 Ebd., S. 166 f.

150 Vgl. ebd., S. 167.

151 Bucharin/Preobraschensky, *Das ABC des Kommunismus*, S. 341.

152 Vgl. Malle, *The Economic Organization of War Communism*, S. 165.

153 Bucharin/Preobraschensky, *Das ABC des Kommunismus*, S. 340.

154 Ebd., S. 341.

155 Vgl. ebd., S. 340—342, und Malle, *The Economic System of War Communism*, S. 167.

156 Vgl. Malle, *The Economic Organization of War Communism*, S. 181 f.

157 »[A] regime of food delivery by quotas«, ebd., S. 398; vgl. zum *prodazverstka*-System auch ebd., S. 396—465.

158 Ebd., S. 184.

159 Vgl. ebd., S. 185.

160 Ebd., S. 185; zu weiteren Denkmodellen der Ersetzung des Geldes vgl. ebd., S. 185—195, zum *tred* ebd., S. 192; vgl. Davies, Changing Economic Systems, S. 8.

Einerseits etablierten sich also geldlose Formen des Austauschs von Gütern und Dienstleistungen und es festigte sich die Hoffnung auf eine Alternative zum marktwirtschaftlichen Preissystem und schließlich die Abschaffung des Geldes. Dabei schloss das *tred*-System gedanklich an Versuche der Einführung eines auf Arbeitszeit basierten Tauschsystems durch Robert Owen, Pierre-Joseph Proudhon und andere frühe Sozialisten an, die bereits Marx kritisiert hatte.[161] Sowohl diese *labour notes* als auch das *tred*-System unterschieden sich jedoch insofern von Rationierungsmarken, als sie unmittelbar arbeitsbasiert waren.

Andererseits kam es zu sozialen Unruhen, insbesondere bei Bauern, und einer Versorgungskrise.[162] In Verbindung mit einer Missernte 1920 traten Hungersnöte auf.[163] 1921 wurde der wirtschaftspolitische Kurswechsel zur Neuen Ökonomischen Politik (NEP) eingeleitet. Lenin erklärte:

»Der ›Kriegskommunismus‹ war durch den Krieg und die Verheerung erzwungen. Er war keine Politik, die den wirtschaftlichen Aufgaben des Proletariats entsprach und er konnte es auch nicht sein. Er war eine provisorische Maßnahme. […] Die Not und die Verheerung sind derart, daß wir nicht imstande sind, *mit einem Schlag* die staatliche, fabrikmäßige, sozialistische Großindustrie wiederherzustellen. […] Es ist also notwendig, in gewissem Maße zur Wiederherstellung der Kleinindustrie beizutragen, die keine Maschinen erfordert, weder staatliche noch große Vorräte an Rohmaterial, Brennstoffen und Lebensmitteln erfordert, die der Bauernwirtschaft sofort eine gewisse Hilfe zu leisten und ihre Produktivkräfte zu heben vermag.

Was ergibt sich hieraus?

Es ergibt sich auf der Grundlage einer gewissen (wenn auch nur örtlichen) Freiheit des Handels ein Wiederaufleben des Kleinbürgertums und des Kapitalismus.«[164]

Die NEP sah also eine begrenzte Wiedereinführung kapitalistischer Prinzipien vor.[165] Malle erklärt den Zusammenhang dieses Politikwechsels mit dem bäuerlichen Widerstand gegen das *prodrazverstka*-System, das staatliche Verteilungssystem für Lebensmittel, und hält fest: »Lenin admitted that the Bolsheviks had not yet learned to practise ›thrift‹, a word which he used as a synonym for ›economics‹. This was a significant indication of a new approach to economic problems, by which methods of production should be given more attention than methods of distribution.«[166]

Dass Nexøs Begeisterung für die revolutionäre Sowjetunion insbesondere das ökonomische Modell betraf, wird an der Enttäuschung deutlich, mit der er diesen ökonomischen Kurswechsel aufnahm,[167] obgleich er sich in *Mod Dagningen* bemüht, die NEP im Sinne der kommunistischen Parteilinie als notwendigen Entwicklungsschritt zu deuten. In »ZAR NEP (Et Tilbageblik)«, dem letzten Kapitel von *Mod Dagningen*, heißt es:

»Das, was nach dem Sieg der Revolution die Welt als Anzeichen einer neuen Gesellschaftsordnung, als Kommunismus erschreckte, war größtenteils nichts anderes als sogenannter Kriegskommunismus –: Zwangsmaßnahmen, hervorgerufen durch die Notlage, so wie man sie von allen Ländern während des Weltkriegs kennt und besonders von Deutschland. Die gleichen Maßnahmen zur Rationierung der vorhandenen knappen lebensnotwendigen Artikel wären von jeder anderen Regierung auch getroffen worden, falls die Revolution niedergeschlagen worden wäre. […] Die Sowjetregierung stand in den ersten Jahren ganz in der Defensive, sie hatte genug damit zu tun, ihr nacktes Leben zu schützen. Erst nachdem ihre handgreiflichen Feinde niedergekämpft sind, um 1921, kann sie aktiv Stellung zur ökonomischen Bestandsaufnahme und dem Wiederaufbau des Landes unter den neuen Gesichtspunkten nehmen; und hier setzt die Nep-Politik ein als eine der ersten bewussten, wohlüberlegten Handlungen.«[168]

Nexø übernimmt damit Lenins Deutung des Kriegskommunismus als Resultat der Notlage durch die kriegerischen Auseinandersetzungen und die Verteidigung der NEP als notwendigen Schritt auf dem Weg zu einer neuen Gesellschaftsordnung. Die NEP, heißt es in *Mod Dagningen* weiter, sei zwar in der alten Welt als Rückkehr zum Kapitalismus begrüßt worden, aber die fortgesetzten großpolitischen Anschläge auf Sowjetrussland bewiesen, dass die Führer der alten Welt nicht an den Zusammenbruch von innen glauben würden. Alles eigentliche Kapital sei Gesellschaftseigentum in Russland – Land, Wälder, Seen, Wasserwege, Kraft- und Rohstoffquellen, Wohnungen. Handwerk und Kleinindustrie liefen zwar wieder in privater Initiative, aber darauf ließe sich kein Kapitalismus aufbauen. Der inländische Handel sei frei, etwa die Hälfte werde durch private Initiative betrieben. Aber die Konsumgenossenschaften der Arbeiter und Bauern, die im öffentlichen Bewusstsein moralisch stärker seien, weil sie sich um die lebensnotwendigen Artikel kümmerten, bedrängten die NEP, die sich überwiegend auf den Luxus verlegt habe, Güter, die nicht unbedingt lebensnotwendig sind, aber Profit versprechen. Jeder

161 Vgl. Zatlin, *The Currency of Socialism*, S. 24–33. Zatlin erklärt, dass das – niemals realisierte – *tred*-System mit diesen Vorläufern »the same flawed logic« (ebd., S. 34) teilte. Die frühsozialistischen Arbeitszeit-Einheiten, die im 19. Jahrhundert punktuell tatsächlich eingeführt worden waren, funktionierten wie (schlechtes, weil sehr begrenzt zirkulierendes) Geld, indem sie nach einem Marktmodell strukturiert waren und die Bewertung der Arbeit von den Märkten übernehmen mussten, um eine Homogenisierung der heterogenen Arbeit, für die sie standen, zu erreichen. Sie ersetzten also nicht das marktwirtschaftliche Modell, so Zatlins Kritik. Vgl. ebd., S. 26.

162 Vgl. Davies, Changing Economic Systems, S. 8; Malle, *The Economic Organization of War Communism*, S. 450 f. Während Malle auch Produktivitätseinbrüche konstatiert, aber darauf hinweist, dass die Daten widersprüchlich sind, erklärt Burkett, diese Einbußen seien nur gering gewesen. Vgl. Burkett, The Economic Organization of War Communism (Book review), S. 1862; Malle, *The Economic Organization of War Communism*, S. 506. Der Kurswechsel wird häufig mit dem Kronstädter Aufstand in Verbindung gebracht. Vgl. z. B. Wunderer, *Die Russische Revolution*, S. 75–78.

163 Urbane Hungersnöte gab es bereits vor 1920; die ländliche Hungersnot brach nach der Missernte aus. Vgl. Felix Wemheuer: »Einleitung: Hunger und Sozialismus«, in: Matthias Midell/Felix Wemheuer (Hg.): *Hunger, Ernährung und Rationierungssysteme unter dem Staatssozialismus (1917–2006)*, Frankfurt a. M. u. a. 2011, S. 7–31, hier S. 11.

164 Wladimir Iljitsch Lenin: »Über die Naturalsteuer. Die Bedeutung der neuen Politik und ihrer Bedingungen«, in: ders.: *Sämtliche Werke*, Bd. 26, Moskau 1940, S. 397–439, hier S. 414 f.

165 Vgl. Davies, Changing Economic Systems, S. 8 f.

166 Malle, *The Economic Organization of War Communism*, S. 452, vgl. auch ebd., S. 450–456.

167 Vgl. Houmann, *Martin Andersen Nexø og hans samtid 1919–1933*, S. 178, 213, 377 (Endnote 43).

168 Nexø, *Mod Dagningen*, S. 194.

Revolutionär in Russland sehe die Notwendigkeit der NEP ein, aber hasse sie wie die Pest und trage dazu bei, sie in den abgesteckten Grenzen zu halten.[169]

Diese ambivalente Charakterisierung verrät, wie sehr Nexø die Vorstellung einer Gesellschaft faszinierte, die den geldgesteuerten Warenverkehr durch eine güterbasierte Verteilungspolitik zu ersetzen suchte und auf dem kollektiven Besitz von Produktionsmitteln und einer kollektiven Organisation des Konsums fußte. Dabei war insbesondere die kollektive Organisation des Konsums eher Phantasma als Realität.

Das Brot des Sozialismus

In der Reisebeschreibung, die diesem Kapitel in *Mod Dagningen* vorangeht, entwirft Nexø das Bild einer Gesellschaft, in der er sich beim Anblick kraftvoller Sportler fragt: »Wo sind die klappernden Skelette hin, mit denen die Weltpresse nicht nur die Hungerdistrikte, sondern ganz Sowjetrussland bevölkert, wo ist die Depression in dem von einem unerhörten Terror geknechteten Volk?«[170] Anstelle der ausgehungerten, hoffnungslosen Menschen, die ihm in Deutschland begegnet waren und die er auch in Russland anzutreffen fürchtete, begegnet er singenden, lachenden, spielenden Menschen. Die laut seiner Wirtin zugewiesene Nahrungsration für zwei Erwachsene und ein Kind umfasst 64 kg Mehl, 5,5 Pfund Zucker, 22 Pfund Fleisch oder 45 Pfund Fisch, ein Pfund Tee oder Kaffee, 50 Pfund Kartoffeln oder Wurzeln, drei Pfund Naturbutter, drei Pfund Öl, ein halbes Pfund Tabak oder 600 Zigaretten, und 30 bis 100 Millionen Rubel.[171] Die Nahrungsmittel entsprechen sehr grob überschlagen 8500 bis 9000 Kalorien pro Tag für die beiden Erwachsenen und das Kind und wären – je nach Tätigkeit – wahrscheinlich dem tatsächlichen Verbrauch angemessen. Der Wegfall der Klassenschranken bringt neue Freundschaften, und die Revolution vermittelt ein neues Gefühl von Menschlichkeit.[172] Nexø erklärt:

»Hier scheint niemand auf der Schattenseite zu sein im Verhältnis zu anderen; alle teilen das, was es gibt. Die Gegner des Sozialismus machen ja geltend, dass dies ein rein negatives Resultat sei, weil damit bloß erreicht werde, dass *alle* zu wenig erhalten, während unter der alten Ordnung doch wenigstens *einige* genug bekamen. Aber diese *negative Gleichheit* – die eine unumgängliche erste Stufe beim Übergang zur sozialistischen Gesellschaft ist – ist die notwendige Voraussetzung für die *positive Gleichheit:* den Willen aller, genug für alle zu produzieren! Diese *negative Gleichheit* scheint mir bis auf Weiteres das große Resultat der Revolution zu sein; und sie *ist* eine Lichtquelle! Der Gesang, die Aufgeräumtheit, die Spannkraft, die einem überall entgegen leuchten, sind ein Glanz davon. Es mangelt an den meisten lebensnotwendigen Artikeln – am wenigsten an Essen, habe ich den Eindruck, Russland ist ja ein ausgeprägtes Agrarland. Aber sie haben selbst die Brotrinde in der Freiheit dem gefüllten Trog des Sklaven vorgezogen; und darin ist Nahrung und noch dazu ein wenig Überschuss – für Glanz im Gemüt.«[173]

Nachdem er mit der Darstellung der zugeteilten Nahrungsmenge implizit das Funktionieren des Verteilungs- und Rationierungssystems dargelegt hat, stellt er eine Besonderheit des Währungssystems heraus:

»Entlang der Bahn durch Karelien konnte man nur mit Brot bezahlen. Hier in der Gegend um Petrosavodsk ist das Tauschmittel wieder Geld; aber der Brotpreis ist der feste Ausgangspunkt für die Festsetzung von Arbeitslöhnen und Warenpreisen, und bei jedem größeren Handel wird der Preis – wie vom Großbauern in Tihonavolok – in Pud (16 kg.) Mehl angegeben. Ein Pferd kostet 50 Pud. eine Kuh 25–30 Pud. usw.; eine Villa vor der Stadt mit 14 Zimmern stand für 1 000 Pud Mehl zum Verkauf. Man bezahlt mit Papierrubeln, nach dem Preis, den das Mehl hat, wenn der Handel abgeschlossen wird. Das Brot ist mit anderen Worten der eigentliche Münzfuß; und dieser Umstand – der mehr oder weniger augenfällig für ganz Russland gilt – bringt es mit sich, dass die Preise sich mit dem Fall des Rubels nicht verschieben. Handel und Wandel gehen ihren sicheren Gang ungeachtet der Kurse, während z. B. in Deutschland das ganze ökonomische Leben jedes Mal erschüttert wird, wenn die Mark nach unten rasselt. Weil das Mehl zudem billig ist (ca. zehn Øre das Pfund), halten sich die Preise für Lebensnotwendiges in Russland auf Westeuropas Vorkriegsniveau.«[174]

In Nexøs Vorstellungswelt garantiert die Rückbindung der Währung an das Grundnahrungsmittel Mehl Wertstabilität. Damit schließt er an die positive Bewertung der von Karin Harrasser beschriebenen Engführung von Geld und Produkten des Verzehrs an.[175] Auch bei Nexø steht die positive Einschätzung dieser Engführung in einem Zusammenhang mit dem Problem der Inflation, das in der Zwischenkriegszeit an Virulenz gewonnen hatte. Unklar ist in dieser Passage, wie Nexø die Rolle des Staates in diesem Zusammenhang einschätzt: Handelt es sich bei der Mehl-Preis-Relation um ein offizielles Wertsystem?

Silvana Malle arbeitet in ihrer Darstellung des Kriegskommunismus heraus, dass die Suche nach alternativen Werteinheiten die sowjetischen Ökonomen vor das Problem der Preisfestsetzung stellte.

169 Vgl. Nexø, *Mod Dagningen*, S. 195–197. Es ist auch für das Reisebuch nicht ganz unproblematisch, die Erzählinstanz mit Nexø zu identifizieren. Houmannn diskutiert die Debatte um das Einleitungskapitel von *Mod Dagningen*, in der ein Teil der Presse Nexø zum Vorwurf machte, eine Kindheitserinnerung dichterisch überformt statt faktengetreu wiedergegeben zu haben. Gerade vor dem Hintergrund der Darstellung dieser Debatte bei Houmann im Hinblick auf die politisch relevanten Passagen scheint mir eine Identifizierung der Positionen der Erzählinstanz mit Nexøs eigenen zulässig: Houmann arbeitet heraus, dass zwar die biografischen Daten Nexøs nicht mit dem wiedergegebenen Ereignis des Aufstands eines Schiffsjungen übereinstimmen, insofern Nexø diesen nicht, wie erzählt, im Krankenhaus besuchen konnte, die politische Interpretation dieses Ereignisses aber gemäß den zu diesem Ereignis bekannten Fakten durchaus möglich ist. Vgl. Houmann, *Martin Andersen Nexø og hans samtid 1919–1933*, S. 185–191.

170 Nexø, *Mod Dagningen*, S. 50 f.

171 Vgl. ebd., S. 52.

172 Vgl. ebd., S. 53 f.

173 Ebd., S. 54 f.

174 Ebd., S. 88 f.

175 S. o., S. 57–68. Monika Dommann skizziert für die 1920er Jahre am Beispiel eines Theaterstückfragments von Bertolt Brecht das »Problem der Darstellbarkeit ökonomischer Prozesse« und der »Methoden, Zugänge […] und Grenzen von Wissen über die moderne Ökonomie«, das sich für die globalisierte Getreidespekulation ergab. Die beschriebene Rückbindung der Währung an ein Grundnahrungsmittel ließe sich auch als Gegenbewegung zum Getreidehandel in Form von Futures und den damit verbundenen erkenntnistheoretischen Problemen lesen, auf die Dommanns Überlegungen sich beziehen. Vgl. Monika Dommann: »Bühnen des Kapitalismus: Der Getreidehandel als Wissensobjekt zwischen den Weltkriegen«, in: *Berichte zur Wissenschaftsgeschichte* 37 (2014), S. 112–131, hier S. 121.

»To the extent that the economic situation urged some forms of price control on basic raw materials and foods, expediency could be said to have played a role. There was, however, from the beginning of Bolshevik price policy, a basic principle for price determination: to keep the level of industrial prices above the level of agricultural prices. This principle inspired both price policy and economic research.«[176]

Im Herbst 1918 hatte Aleksei Ivanovich Rykov, der den Obersten Rat der Nationalen Ökonomie, VSNKh, leitete,[177] bei einer Plenarsitzung des VSNKh erklärt, dass bei der Festlegung industrieller Preise weniger der Nutzen von Gütern berücksichtigt werde als die Organisation des Warenaustauschs und das Ziel, die Krise in der Nahrungsmittelversorgung zu überwinden.

»Prices were determined on the basis of the pre-war relation between one pud of grain and every other single product, with some corrections reflecting changes in the value of industrial products in relation to agricultural products. [...] The economic reason adduced was that the value of industrial products has increased more than the value of agricultural products.« [178]

Es gab also auch von offizieller Seite den Ansatz, Pud Mehl zur Grundlage der Berechnung von Preisen zu machen. Dabei wurden jedoch – durchaus in Übereinstimmung mit der marxistischen Theorie – Arbeiter gegenüber Bauern bevorzugt, indem Industrieprodukten mehr Wert beigemessen wurde. Malle erklärt, in Wirklichkeit habe es keine Anhaltspunkte für Rykovs Behauptung gegeben, der Wert von industriellen Produkten sei gegenüber demjenigen von anderen Produkten gestiegen. Die Daten über Preissteigerungen in Moskau für die Jahre 1917/18 und 1918/19, die Pervushin 1922 vorlegte, zeigten vielmehr, dass der prozentuale Preisanstieg landwirtschaftlich erzeugter Grundnahrungsmittel in beiden Erhebungszeiträumen viel höher war als derjenige industrieller Konsumgüter.[179]

Das System fester Preise, das sich ausgehend von diesem Ansatz etablierte, musste schließlich aufgegeben werden, weil es nicht mit der Produktivität korrelierte. Daraufhin versuchten Ökonomen, Werteinheiten zu entwickeln, die beispielsweise auf investierter Arbeit und Energie basierten, physische Werteinheiten also, die marxistisch begründet waren. De facto musste jedoch trotz dieser Bemühungen um die Etablierung eines alternativen Wertsystems festgestellt werden, dass der Staat niemals die Kontrolle über den Warenverkehr gewann, der zwar zunehmend auch die Form eines »natural commodity-exchange«[180] annahm, sich aber nicht als Abschaffung des Marktes, sondern als neuer Markt erwies.

Trotz der Gemeinsamkeit, dass der Austausch auch hier stärker stoffgebunden als bei monetär vermittelter Zirkulation war, unterschied sich das sich etablierende System durch seinen nicht zentral kontrollierten Marktcharakter vom *in kind rationing,* das zumindest theoretisch staatlich oder – in anderen Kontexten – von humanitären Organisationen kontrolliert wird.

Das Problem der Regulierung von Angebot und Nachfrage wurde von den revolutionären Ökonomen und Politikern nicht gelöst;[181] die NEP entstand auch vor dem Hintergrund der sich hartnäckig haltenden individuellen Konsumpräferenzen, welche die illegalen Märkte am Leben hielten.[182]

Nexø hingegen schwächte das von Lenin eingestandene Problem der Produktivität ab, indem er in *Mod Dagningen* erklärte, dass nach einem Einbruch durch Krieg und Revolution die wirtschaftliche Produktivität wieder steige und Schätzungen zufolge bald wieder Korn in bedeutendem Umfang exportiert werden könne. Das werde zwar in der alten Welt darauf zurückgeführt, dass man sich mit der NEP wieder dem Kapitalismus zugewandt habe. Er stellt dieser Einschätzung entgegen, dass von den fünf Millionen organisierten Arbeitern in Russland nur 150–200 000 in Privatbetrieben arbeiteten.[183]

Der Hunger des Kapitalismus

Die Problematik des Konflikts zwischen den Interessen von Bauern und Arbeitern spielt in seinem Russland-Reisebuch keine Rolle. Mit *Midt i en Jærntid* (1929, deutsche Übersetzung unter dem Titel *Im Gottesland*) verfasste Nexø jedoch einen Bauernroman, der die Rolle der dänischen Landwirtschaft im Ersten Weltkrieg kritisch betrachtete. Erste Entwürfe für diesen Roman stammen bereits aus dem Jahr 1922.[184] Nexøs Ziel war es, mit der Bauernromantik der Vergangenheit aufzuräumen, indem er einen modernen Bauern, den fiktiven Jens Vorup, zur Hauptfigur seines Romans machte,[185] der sich selbst als ökonomischen Imperialisten bezeichnet[186] und in kapitalistischen Spekulationen verliert, die sich zunehmend am Rande der Legalität bewegen. Ebenso wie der im Roman auftretende Gulaschbaron, ein ehemals »Hundeschlachter« genannter Abdecker, will auch Jens Vorup aus der Not der Menschen im Ersten Weltkrieg Profit schlagen und setzt sich auf Protestversammlungen der Landwirte dafür ein, sich der von der dänischen Regierung ausgerufenen Rationierung und der Festsetzung von Maximalpreisen für bestimmte Güter, vor allem lebensnotwendige Nahrungsmittel, durch Produktivitätsverminderung bzw. -verlagerung zu entziehen, ohne offen Widerstand zu leisten.[187]

176 Malle, *The Economic Organization of War Communism*, S. 185 f.

177 Vgl. ebd., S. 95, 130.

178 Ebd., S. 186.

179 Vgl. ebd.

180 R. E. Vaisberg, *Den'gi i tseny (podpol'nyi rynok v period 'voennogo kommunizma')*, Moskau 1925, S. 110, zit. n. Malle, *The Economic Organization of War Communism*, S. 193. Das Originalzitat ist mir nicht zugänglich, der Zusammenhang des Zitats legt hier aber nahe, dass es Vaisberg mit dieser Formulierung darum geht, die Nähe dieses Zirkulationssystems zur papiergeldvermittelten Zirkulation zu unterstreichen. Der Natural-Warentausch erwächst in diesem Zitat aus dem Kapitalismus und bildet einen neuen, geldlosen Markt aus – im Unterschied zum einfachen Naturaltausch bleibt dabei der Warencharakter erhalten.

181 Neben und nach der NEP hielten sich jedoch Hoffnungen auf eine staatliche Lösung, die sich beispielsweise in GOSPLAN und Preisfestsetzungen niederschlugen. Auch Joseph Schumpeter hielt noch im 1942 erstmals veröffentlichten *Capitalism, Socialism and Democracy* eine staatliche Steuerung prinzipiell für möglich. Vgl. Richard Swedberg: »Introduction«, in: Joseph A. Schumpeter: *Capitalism, Socialism and Democracy*, London 2003, S. xi–xxi, hier S. xviii und Schumpeter, *Capitalism, Socialism and Democracy*, S. 172–186.

182 Vgl. Malle, *The Economic Organization of War Communism*, S. 186–195.

183 Vgl. Nexø, *Mod Dagningen*, S. 120–122.

184 Vgl. Houmann, *Martin Andersen Nexø og hans samtid 1919–1933*, S. 252.

185 Vgl. ebd., S. 258–262.

186 Vgl. Martin Andersen Nexø: *Midt i en Jærntid*, Bd. 1, Kopenhagen 1929, S. 164.

187 Vgl. ebd. Bd. 2, Kopenhagen 1929, S. 17–21, 63.

Der Krieg bedeutet für Jens Vorup eine Möglichkeit, hohe Preise zu erzielen,[188] eine Perspektive, die durch andere Figuren kontrastiert wird, für die sich Freude über den Krieg aus moralischen Gründen verbietet und die es, selbst aus bäuerlichen Milieus stammend, als Aufgabe der Bauern betrachten, die Menschen mit Nahrung zu versorgen – auch die Armen.

Insofern ist *Midt i en Jærntid* keine radikale Kritik am Bauernstand, sondern eine Kritik an einer kapitalistisch durchdrungenen Landwirtschaft und am Profitstreben derjenigen Bauern, die sich am Vorantreiben dieser Entwicklung beteiligen. Nexø erklärte, er habe Jens Vorup nicht menschlich interessant gestalten können, und führte das darauf zurück, dass Vorup ein Produkt des Liberalismus sei, ein reiner Egoist und ein Standesdurchschnitt.[189] Damit verbindet sich die Frage nach der literarischen Repräsentation marxistisch inspirierter Gesellschaftskritik. Interessanter als der Charakter des Kapitalisten Jens Vorup – allerdings nicht unproblematisch – ist das Porträt des Geistes des Kapitalismus, das Nexø in der Erzählung »Et Møde!« (Eine Begegnung!) lieferte, die ebenfalls in *De tomme Pladsers Passagerer* enthalten war. Dieser Text nutzt Körpermetaphern (z. B. Wehen für Wirtschaftskrisen) und Partes pro Toto (z. B. Hände für Arbeiter) sowie die Personifikation des Geistes des Kapitalismus, um die Funktionsweise des Kapitalismus darzustellen. Das Science-Fiction-Element eines durch Gedankenübertragung ferngesteuerten Autos eröffnet zugleich einen technologischen Horizont automatisierter Arbeit.

Ähnlich wie in *Midt i en Jærntid,* das mehrfach auf die Entkopplung der Landwirtschaft von natürlichen Reproduktionskreisläufen eingeht, beispielsweise durch das Motiv des Kunstdüngers (Jens Vorup wird auch als »Salpeter-Prophet«[190] bezeichnet), eröffnet »Et Møde!« mit der Feststellung, dass Hunger sich nicht mehr auf klimabedingte Missernten zurückführen lasse. Damit greift der Text das Paradox auf, dass gerade in modernen, kapitalistisch organisierten Konsumgesellschaften extreme Armut existiert – was Denker seit dem Siegeszug der Marktwirtschaft irritiert hatte.[191] Die Arbeitslosigkeit, so die Feststellung des grübelnden Erzählers, trete neuerdings unabhängig von den Jahreszeiten auf.

Im nordöstlichen Sjælland, in den Feldern bei Tibberup und Espergærde, begegnet er einer in Leder gekleideten Gestalt, die ihn mit starkem Unbehagen erfüllt. Die unheimliche Erscheinung hat ein kaltes, graues Gesicht und keine Arme. Auf die vorsichtige Frage, ob der Unbekannte ein Villengrundstück suche, erwidert dieser, er wolle gleich mehrere Höfe zerschlagen, um Villengrundstücke daraus zu machen. Der Erzähler meint, daran bestehe kein Mangel, halb Sjælland sei parzelliert und von Disteln anstelle von Korn überwachsen. Aber der Unbekannte interessiert sich nicht für Korn; er sei kein Brotesser, und wenn es nach ihm ginge, könne das Brotkorn von der Erdoberfläche verschwinden. Die Nutzenseite des Daseins interessiere ihn nicht, er ergreife jede Chance, ohne Skrupel zu haben. Als der Erzähler daraufhin ausruft: »›Sie sind ein Kapitalist reinsten Wassers!‹«,[192] lacht die Gestalt höhnisch. Er sei keines der Individuen, die ein paar lumpige Tausende oder Millionen besitzen, er sei der Geist des Kapitalismus selbst, seine Idee. Diese Selbstbezeichnung scheint weniger auf den Geist des Kapitalismus im Sinne Max Webers anzuspielen als auf den (im marxistischen Sinne) Anti-Materialismus der Figur, die sich selbst in Opposition sowohl zu (moralischen) Idealisten als auch zu Utilitaristen setzt. In dieser (Selbst-)Beschreibung ist der Kapitalismus ein negatives Prinzip.

Doch impliziert diese Selbstbezeichnung ein Wortspiel, das mit der Unheimlichkeit der geschilderten Erscheinung korreliert: Sie ist Geist in Abgrenzung zum Körper und der Materie, aber auch geisterhaft. Während das jüngere *Den Danske Ordbog* (Das Dänische Wörterbuch) das Gespenst (spøgelse) explizit als Beispiel für einen »ånd« (Geist) anführt,[193] nennt das ältere *Ordbog over det Danske Sprog* als mögliche Bedeutungen von »Aand« (entspricht der älteren Schreibweise von »ånd«) beispielsweise ein Vernunftwesen, das ohne Körper vorgestellt wird, ein Wesen, dem das Hervorrufen des Bösen in der Welt zugeschrieben wird, die unkörperliche Erscheinung Verstorbener, ein unsichtbares Wesen, das dem Menschen folgend vorgestellt wird, oder eine Kraft, von der gedacht wird, dass sie im Inneren von Menschen wirke.[194]

Die Geisterhaftigkeit der literarischen Figur ist durch das Erscheinen des eigentlich Immateriellen – des Geistes, der Idee – gegeben, welche die Personifikation vollzieht. Sie wird durch das kalte, graue Gesicht, das sie leichenartig eher auf der Seite des Todes positioniert, ebenso unterstrichen wie durch das Unbehagen, das der Erzähler beim Näherkommen empfindet.

Der Geist des Kapitalismus ist trotz seiner Armlosigkeit keineswegs untätig, doch bleibt weitgehend unklar, wie er wirkt. Eine andeutungsweise Erläuterung wird nur im Zusammenhang mit der über einen Draht vermittelten Gedankensteuerung des Autos geliefert, auf deren baldige Drahtlosigkeit er hofft. Die ansonsten unerklärte Wirksamkeit seines Handelns lässt sich wiederum mit seinem geisterhaften Charakter problemlos vereinbaren. Während die physische Behinderung mittels der Geisteskraft der Figur auf der Handlungsebene weitgehend überwunden wird, scheint die Armlosigkeit symbolisch für einen emotionalen oder sozialen Mangel zu stehen, der offenbar nicht aufgehoben werden kann.

Der Geist des Kapitalismus thematisiert seine eigene »Krüppelhaftigkeit« und stellt sie in den Kontext der Frage nach dem Nutzen eines Menschenlebens, das er selbst (auf den ersten Blick wenig kapitalistisch) nach seinem Gebrauchswert beurteilt: »›Nein, Sie haben sich nicht gedacht, dass ich so aussehe – ein armseliger Krüppel, von ihrem erhabenen Nutzenstandpunkt ausgesehen. Enttäusche ich Sie, Verehrtester? Apropos Nutzen, Sie, die Sie bewandert sind

188 Vgl. Nexø, *Midt i en Jærntid*, Bd. 1, S. 77.

189 Vgl. Houmann, *Martin Andersen Nexø og hans samtid 1919—1933*, S. 261.

190 Nexø, *Midt i en Jærntid*, Bd. 2, S. 228.

191 Vgl. Polanyi, *The Great Transformation*, S. 123 f.; Nicholas Xenos: *Scarcity and Modernity*, London 1989, S. 35—66.

192 »De er renlivet Kapitalist!« hat eine etwas andere Nuance als die von mir vorgeschlagene deutsche Übersetzung, weil »renlivet« sich aus den Worten »ren«, »rein«, und »livet«, »das Leben«, zusammensetzt. Martin Andersen Nexø: »Et Møde!«, in: Martin Andersen Nexø: *Samlede Fortællinger*, Bd. III: 1919—1946, hg. v. Henrik Yde, [Kopenhagen] 2013, S. 133—140, hier S. 136.

193 Vgl. https://bit.ly/2MRShAw (zuletzt aufgerufen am 22.9.2018).

194 Vgl. https://bit.ly/2xSt03O (zuletzt aufgerufen am 26.9.2018).

darin, wo steht eigentlich geschrieben, dass man nützlich sein soll? Und was ist Nutzen, mein guter Mann? Sie nennen es vermutlich Nutzen, das Leben vieler zu erhalten; ich nenne das Verschwendung, wenn wenige das Ganze erledigen können. Ich sehe nicht ein, warum man das Leben solcher Individuen erhalten soll – es sei denn, man kann sie gebrauchen.‹«[195]

Diese Form der literarischen Repräsentation ist in ihrer Verbindung von physischer Abweichung und Amoralität problematisch, insofern sie eine negative Vorstellung von Behinderung fortschreibt, die diskriminierend wirkt.[196] Sie ist Teil der Tendenz der Erzählsammlung, den Kapitalismus mit dem abstrakten und abstrahierenden Medium des Geldes dem konkreten Körper gegenüberzustellen, der durch die Macht des Geldes beeinträchtigt und beschädigt wird.

Als Besessenheit[197] überträgt der Geist des Kapitalismus sich auf die Menschen:

»›Es ist *mein* Geist, von dem alle besessen sind, die am Wettlauf teilnehmen; in meinem Namen frisst der Starke den Schwachen und wird vom noch Stärkeren gefressen. Können Sie die Konsequenz davon ahnen? – sie ist nicht gerade zum Vorteil der meisten. – Gegenseitigkeit ist ein Unterklassengefühl, es ist nur dazu geeignet, niederzuhalten; aber selbst bei der Lebensrettung[198] ist der wichtigste Zug der, mit dem man den Ertrinkenden von sich stößt. Deshalb haben Sie schlecht begriffen, junger Mann! Sie wollen, dass alle teilhaben an den Gütern des Lebens – Sie verteilen! Mein Ziel ist es, alles in einer Hand zu sammeln – einer einzigen, verstehen Sie – und die gesamte übrige Welt zu Proletariern zu machen. Das ist das Ideal des Kapitalismus – seine innerste Idee – und ich bin auf gutem Wege, sie zu realisieren. ---«[199]

Dem tödlichen Konkurrenzkampf des Kapitalismus – drastisch repräsentiert im Bild des den Ertrinkenden tretenden Lebensretters – wird ein Idealismus gegenübergestellt, dessen Prinzipien Gegenseitigkeit und Teilhabe sind, die eine Praxis des Verteilens implizieren. Der Unterschied zwischen Kapitalismus und Kommunismus wird in den Antonymen von »sprede« (hier etwa: verbreiten, verteilen, streuen) und »samle« (hier etwa: sammeln, ansammeln) gefasst.

Langfristig, so der Geist des Kapitalismus, würden nur wenige Arbeiter benötigt, die Maschinen würden immer vollkommener. Die soziale Frage werde bald gelöst und wäre es längst, wenn nicht Staat und Kommune künstlichen Schutz für eine Unzahl von Individuen, er nennt ausdrücklich Schaffner und »Bestillingsmænd«,[200] d. i. einfache Staatsbedienstete, geschaffen hätten. Der Geist des Kapitalismus hasst die dummen Hände, die obendrein noch zu drohen wagten – wer mit den Händen arbeite, sei kein Mensch; der Mensch benutze nur sein Hirn. Beim geringsten Murren werde er sie auf »›Minimalverpflegung‹« setzen:

»›Hungersnot, verstehen Sie! Die ist einer meiner besten Verbündeten; es existiert überhaupt keine andere Hungersnot als die, die ich schaffe. Ich könnte sie wie Fliegen töten und die Natur die Schuld dafür tragen lassen [...] Aber davon halte ich nichts, denn wer soll sie wegschaffen? Sie sehen, ich bin nicht sentimental, ich lasse sie sich bloß selbst beiseite schaffen – hungere sie aus, dann geht der Rest von selbst. Mumien riechen bekanntlich nicht! Kleinkinder haben ja am wenigsten Widerstandskraft – insbesondere wenn sie keine Muttermilch bekommen. Deshalb lasse ich die Arbeitslosigkeit auch nicht Frauen mit Säuglingen treffen.«[201]

Der Hunger ist also Resultat und Instrument des Kapitalismus. Die enge Verbindung zwischen Hunger und kapitalistischer Ideologie ließe sich an frühen Vertretern eines pessimistischen Liberalismus wie Robert Thomas Malthus studieren, mit dem den Geist des Kapitalismus in »Et Møde!« die Vorstellung verbindet, dass es zu viele (arme) Menschen gebe,[202] eine Vorstellung, der »De tomme Pladsers Passagerer« den Überfluss an leeren Plätzen entgegenstellt.

»Es ist gerade das Fehlen der Drohung des Hungers für den Einzelnen, das die primitive Gesellschaft in gewissem Sinne humaner macht als die marktwirtschaftliche Gesellschaft, aber gleichzeitig auch weniger wirtschaftlich«,[203] stellt Karl Polanyi in *The Great Transformation* fest, und erklärt, dass sich mit den klassischen Nationalökonomen die Vorstellung durchsetzte, der Arbeitsmarkt bestehe aus »einem Strom von Menschenleben, deren Nachschub durch die Menge der ihnen zur Verfügung gestellten Nahrungsmitteln geregelt wurde«:

»Zwar wurde die Existenz eines allgemeinen Standards anerkannt, unter den der Lohn keines Arbeiters sinken könnte, doch meinte man, daß diese Grenze nur dann wirksam würde, wenn sich der Arbeiter vor die Wahl gestellt sähe, entweder nichts zu essen zu haben oder aber seine Arbeitskraft auf dem Markt zu dem jeweils gebotenen Preis anzubieten. Dies erklärt nebenbei ein ansonsten unerklärliches Versäumnis der Nationalökonomen, nämlich warum nur der Angst vor dem Hunger, nicht aber auch der Anziehungskraft hoher Löhne die Fähigkeit zugeschrieben wurde, einen funktionsfähigen Arbeitsmarkt hervorzubringen.«[204]

Aus einer solchen Perspektive bedarf es des Hungers, damit die Marktwirtschaft funktioniert. Nexøs Geist des Kapitalismus schließt an solche Diskurse an und erweitert sie um die Lebensmittelspekulation, wenn er kurz vor seinem Abschied ankündigt, einen »Brottrust«[205] zu gründen.

Kapitalismus ist für Nexø untrennbar mit Hunger verbunden; der Kapitalist ist »DER GROSSE WANST« (»DEN STORE VOM«[206]), für den in der Erzählung »Guds Søn og Fandens Kælebarn!« (Gottes Sohn und das Hätschelkind des Teufels!), die ebenfalls in der Erzählsammlung *De tomme Pladsers Passagerer* enthalten ist, die Proletarier schuften müssen.

Die Fähigkeit, aus dem Elend Profit zu schlagen, wird auch auf das Medium des Geldes zurückgeführt, das es erlaubt, von den Körpern zu abstrahieren – von »Blut und Schweiß und Tränen«, wie der Geist des Kapitalismus selbst sagt:

195 Nexø, Et Møde!, S. 136.

196 Vgl. zu dieser Problematik z. B. Markus Dederich: *Körper, Kultur und Behinderung. Eine Einführung in die Disability Studies*, Bielefeld 2007, S. 114–117.

197 Vgl. https://bit.ly/2R0ABpu (zuletzt aufgerufen am 26.9.2018) zur Bedeutung von »besætte« in Verbindung mit »Aand«.

198 »Livredning« kann auch mit »Rettungsschwimmen« übersetzt werden, was zwar den Sinn klarer hervortreten lässt, aber die Aussage einschränkt.

199 Nexø, Et Møde!, S. 136.

200 Ebd., S. 137.

201 Ebd., S. 138 f.

202 Vgl. Robert Thomas Malthus: *An Essay on the Principle of Population*, hg. v. Geoffrey Gilbert, Oxford, New York 1993.

203 Polanyi, *The Great Transformation*, S. 225.

204 Ebd., S. 226.

205 Nexø, Et Møde!, S. 139.

206 Martin Andersen Nexø: »Guds Søn og Fandens Kælebarn!«, in: Martin Andersen Nexø: *Samlede Fortællinger*, Bd. III: 1919–1946, hg. v. Henrik Yde, [Kopenhagen] 2013, S. 145–151, hier S. 148.

»Sie meinen also, ich sei ein Teufel, Verehrtester? Ich schmeichle mir in jedem Fall damit, Satans göttlich kaltes Hirn zu haben! Kann man sich eine teuflischere großartige Erfindung als meine denken? Das Geld, das sind Blut und Schweiß und Tränen der Menschheit selbst – alles, was sie ausgerichtet und gewünscht und geträumt hat – eingeschmolzen in ein kaltes Metall. Wertmesser, wie bitte? glauben Sie wirklich auch an den Unfug? – das war nur als Witz meinerseits gemeint! Nein, aber ein wundervoller Akkumulator aller Werte ist es wirklich – das Geld, ein großartig einfaches Mittel, alles zu umfassen und die Welt zu beherrschen – das einzig mögliche. Durch Geld kann ich, so lächerlich es klingt, alles am Leben erhalten oder töten, ganz wie ich will. [...] Meine Erfindung hat noch eine andere vortreffliche Eigenschaft, es klebt kein moralisches Vorurteil daran – Geld stinkt nicht! [...] Und um die Wahrheit zu sagen: Eine Fehlspekulation ist oft mehr wert für mich als eine gute; ich gedeihe am besten, wenn etwas kaputt geht. Die Misere ist mein Element!«[207]

Damit bewegt der Text sich in Richtung der anthropologisch-kulturwissenschaftlichen Geldkritik, die Geld an den Körper rückzubinden sucht und die Karin Harrasser in ihrem Kapitel anspricht.[208] Geld ist aus dieser Perspektive ein neutralisierender und amoralischer Akkumulator.

Der Text stellt der Abstraktion des Geldes jedoch keine historisch-theoretische Analyse, sondern eine literarische Strategie der Verkörperlichung entgegen, die in Metaphern, Partes pro Toto und der Personifikation zum Tragen kommt. Es ist aber keineswegs eine zukünftige Körperutopie, die hier entworfen wird, sondern eine gegenwärtige Schädigung. Von dieser sind einerseits die Arbeiter und Armen betroffen, so wird der am Rande auftretende Arbeiter Jakob als »krogslidt Jordarbeider« und »forkomment Skrog«[209] bezeichnet, in etwa: niedergebeugter Landarbeiter und mitgenommener Kerl, dabei ist »Skrog« in erster Linie eine Bezeichnung für den menschlichen Körper, insbesondere den Rumpf, was ihn indirekt mit der Armlosigkeit seines Widersachers verbindet, der die Arbeiter auch als »Urtyp einer Maschine«[210] betrachtet, die ins Industriemuseum gehöre. Doch ist der Geist des Kapitalismus selbst in seiner Armlosigkeit defizitär, wenn er den Erzähler bitten muss, ihm beim Aufsetzen des Gedankenübertragungshelms zu helfen. Dass er die Wirtschaftskrisen als seine Wehen beschreibt, impliziert, dass er den Tod gebärt. Sein Körper weist groteske Züge auf und wird mit der Vernichtung der Arbeiterkörper verbunden.

Gebrochen wird diese literarische Strategie der Verkörperlichung durch die Momente des Geisterhaften, mit denen sich die Frage nach dem erzählenden Ich und seinem Körper verbindet: Wer oder was ist es, der oder das diesen Geist wahrnimmt? Handelt es sich bei dem Geist um eine Halluzination oder um Realität? Auch der Geist des Kapitalismus erzeugt eine Schwellensituation, die auf eine zerfallende Ordnung ebenso verweist wie auf das Gespenstische der Gegenwart.

Es bleibt offen, wohin diese Ordnung sich bewegt: Am Ende der Erzählung braust der Geist des Kapitalismus in seinem Auto davon, begleitet von den Worten Jakobs, der nun erstmals selbst spricht: »›Das war doch eine teuflische Fahrt, die der arme Schlucker[211] an den Tag gelegt hat‹, sagte er, ›man sollte meinen, das Jüngste Gericht sei ihm auf den Fersen. Ihn solltest du dir gleich vornehmen und ordentlich einen mitgeben, bevor er alles überfährt!‹«[212] Diese Beschreibung lässt den Geist des Kapitalismus mit dem armen Arbeiter die Rollen tauschen, er wird nun der arme Schlucker. Mit dem Gerichtstag wird das revolutionäre Aufbegehren als Möglichkeit angedeutet. Die Aufforderung zu einer gewaltsamen Zurechtweisung adressiert ein Du, das neben der Erzählinstanz auch die Leserschaft einschließen könnte, die den Geist des Kapitalismus ebenfalls wahrgenommen hat. Auf Wunsch des Arbeiters geht der Erzähler mit seiner Schilderung gegen den Geist des Kapitalismus vor.

Rationierung und der Prophet aus dem leeren Raum

In *Mod Dagningen* hatte Nexø festgestellt, dass auch andere Regierungen die Zwangsmaßnahmen des Kriegskommunismus ergriffen hätten, wären sie in der Situation der damaligen Sowjetregierung gewesen. Explizit nennt er in diesem Zusammenhang die Rationierung lebensnotwendiger Güter.[213] Darin deutet sich an, dass die Öffnung des ökonomischen Imaginären, die ich vor allem am Beispiel des sogenannten Kriegskommunismus beschrieben habe, nicht allein im revolutionären Russland ihren Ort hatte. Nexø konnte sich vielmehr auch auf Beobachtungen aus Dänemark und Deutschland stützen, die teilweise in *Midt i en Jærntid* eingegangen sind, beispielsweise bei der Schilderung des Widerstands kapitalistisch-landwirtschaftlicher Akteure gegen die Einführung der Rationierung.[214]

Rationierung und der staatliche Eingriff in Preisbildungsprozesse, insbesondere um Ernährungssicherheit zu garantieren, waren schließlich keine auf Russland begrenzten Phänomene. In Dänemark ging man zwar bis 1914 davon aus, dass Angebot und Nachfrage den Preis bestimmen sollten und der heimische Markt nicht durch Schutzzölle verändert werden sollte,[215] schon vor Ausbruch des Ersten Weltkrieges hatte man aber trotz des liberalen Glaubens an ökonomische Quasi-Naturgesetze unter dem Eindruck einer erstarkenden Sozialdemokratie zumindest teilweise akzeptiert, dass ein reiner »Nachtwächter«-Staat von einem sozialpolitisch eingreifenden Staat abgelöst wurde, der die ökonomischen Folgen von Arbeitslosigkeit, Krankheit und Alter abmilderte.[216] Mit Ausbruch des Krieges entschloss man sich zusätzlich, den Staat auch direkt in Preisbildung und Produktionsprozesse eingreifen zu lassen, um die Lebensmittelversorgung der Bevölkerung sicherzustellen.[217] Eine Außer-

207 Nexø, Et Møde!, S. 138 f.
208 S. o., S. 57.
209 Ebd., S. 136.
210 Ebd., S. 137.
211 »Stodder« bezeichnet eine Person, die sich langsam und unsicher bewegt und insbesondere mit Armut identifiziert wird, kann auch mit Bettler, armer Kerl, Penner, Vogelscheuche u. a. übersetzt werden. Vgl. https://bit.ly/2xFgYeN (zuletzt aufgerufen am 26.9.2018).
212 Nexø, Et Møde!, S. 140. Der Satz ist unübersetzbar: »›Ham sku' du li' godt ta' og gi' et Hagl‹« ist dialektal verschliffen, »Hagl« ist in der Wendung »at give et Hagl« von mir mit »einen mitgeben« übersetzt worden, außerhalb der Wendung bedeutet »Hagl« auch »Hagel, Schrot, Geld«.
213 S. o., S. 96 f.
214 S. o., S. 101.
215 Vgl. Rasmussen, *Velfærdsstaten*, S. 69 f.; Hansen/Henriksen, *Sociale brydninger*, S. 15 f.
216 Vgl. Rasmussen, *Velfærdsstaten*, S. 12–18.
217 Vgl. ebd., S. 89.

ordentliche Kommission, umgangssprachlich: Preisregulierungskommission, wurde gebildet.[218] Zwar arbeiteten Staat und Wirtschaft während der Kriegszeit in weiten Teilen harmonisch zusammen, aber um den Kornpreis führten Großbauern und Staat einen erbitterten Kampf. Es wurde dennoch ein Maximalpreis für Roggen eingeführt, später wurde die Maximalpreisregelung auf weitere Produkte ausgedehnt.[219] Als es um 1917 zu einem starken Einbruch der Importe und zu Warenmangel kam, wurde ein umfassendes System von Regulierungen und Rationierungen eingeführt;[220] einige Rationierungen dauerten bis in die 1920er Jahre an.[221] Auch in Gesetzesänderungen für Aktiengesellschaften, Banken und Fondsbörsen zeigte sich ein neuer Geist.[222]

»In gewisser Hinsicht war es eine neue Zeit, die ihren Durchbruch hatte. Regulierung, Planung und Zwang lösten die freie Marktwirtschaft ab, die bislang die Regel gewesen war«,[223] erklären Svend Aage Hansen und Ingrid Henriksen in ihrer Sozialgeschichte Dänemarks. Der Wahlkampf 1918 war, so Erik Rasmussen, vor allem ein Kampf um die Frage, welche Politik auf das »ragnarok«[224] des Ersten Weltkrieges folgen soll: eine Rückkehr zu den Zuständen vor 1914, die relativ frei von staatlichen Eingriffen gewesen waren, oder ein neuer Zustand, bei dem die Staatsmacht vielleicht nicht mehr Rationierung und Maximalpreise anordnet, aber doch eine Umverteilung der Güter und somit das erschafft, was spätere Zeiten einen Wohlfahrtsstaat nennen.[225] Sowohl Rasmussen als auch Hansen und Henriksen verweisen auf die bahnbrechende Bedeutung, die Ove Rodes sogenannter Gimle-Rede für das Verständnis des wirtschaftspolitischen Systemkonfliktes zukam, der durch den Ersten Weltkrieg sichtbar wurde. Rode, der als Innenminister der Partei Radikale Venstre (Radikale Linke, einer trotz ihres Namens weniger radikalen als vielmehr sozial- oder linksliberalen Partei) für die Durchsetzung der Regulierungspolitik zuständig war, hatte 1916 die Hoffnung geäußert, dass der Kampf um die Regulierung den Staat auch in Zukunft stärken solle. Auch vor dem Krieg habe es die Probleme gegeben, die während desselben umso greller zum Vorschein kämen, »ein Dasein in Not, ja sogar Hunger, inmitten eines Reichtums an Lebensnotwendigem«:

»Ich glaube nicht an eine bestimmte ökonomische Theorie, aber ich glaube an sozial-radikale Ideen, die, wenn der Krieg vorbei ist, dafür arbeiten werden, bessere Zustände zu bewirken als die nun herrschenden [...] Niemand weiß, was nach Ragnarök kommt, aber die alten Bewohner des Nordens glaubten, dass auf Ragnarök Gimle folgt. Lasst uns auch daran glauben. [...] Ich für meinen Teil glaube an das Licht nach dem Dunkel.«[226]

Mit den wirtschaftspolitischen Eingriffen infolge des Ersten Weltkrieges verband sich also in Dänemark eine Erweiterung des Verständnisses davon, welche Rolle der Staat in wirtschaftlichen Prozessen spielen kann und soll. Dabei wurden Preise und die Verteilung von Gütern Spielfelder staatlichen Handelns, es kam außerdem zu einem Ausbau der Sozialpolitik und einer Kontrolle des Finanzsektors. Ziel dieser Initiativen war es, die Sicherheit und Versorgung der Bevölkerung zu garantieren. Mit dem allgemeinen und gleichen Wahlrecht, dessen Bedeutung Rasmussen im Zusammenhang mit der neuen Qualität staatlicher Eingriffe betont,[227] tritt der Staat als Versorger der Bevölkerung auf den Plan.

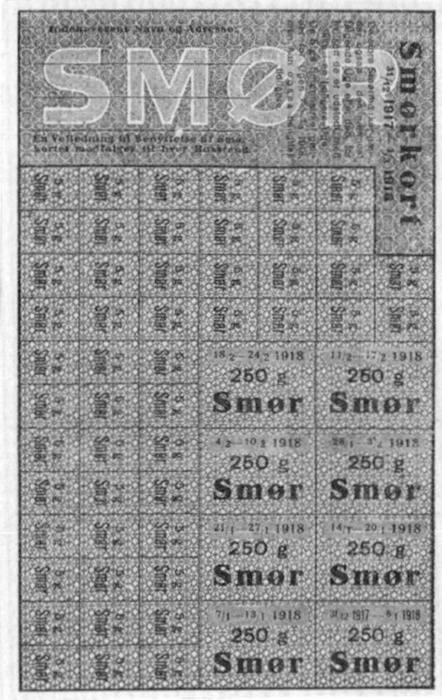

Abb. 34

Erst vor diesem Hintergrund wird verständlich, warum im Zuge des Auftretens des Propheten aus dem leeren Raum in »De tomme Pladsers Passagerer« der Nahrungsverzicht, die Tatsache, dass die Mitglieder seiner Gemeinde keine Nahrung zu sich nehmen, »als Protest gegen die Teuerung«[228] funktionieren kann. Dieser Protest ist angewiesen auf das Verständnis des Staates als Instanz, deren Aufgabe es ist, das Leben der Bevölkerung zu sichern, indem sie diese mit dem Lebensnotwendigen versorgt.

Protest durch Nahrungsverzicht ist ein Symptom der Politisierung des Hungers, die James Vernon in *Hunger. A Modern History* beschreibt.[229] Vernon unterscheidet drei Typen des Verständnisses von Hunger: »the divine, the moral and the social«.[230] Ist nach dem göttlichen Paradigma Hunger Teil eines unabänderlichen göttlichen Plans, betont das moralische Paradigma das individuelle Scheitern und die Verantwortung des Hungernden selbst, während das soziale Paradigma Hunger als kollektives soziales Problem betrachtet, verursacht durch das Versagen ökonomischer und sozialer Systeme, über die deren Opfer keine Kontrolle haben. Ihr Hunger wird zugleich als Bedrohung für die Sicherheit, Gesundheit und den Wohlstand der gesamten Gesellschaft begriffen.[231] Mit dem sozialen Paradigma verbindet sich die Etablierung wohlfahrtsstaatlicher Strukturen und eines humanitären Engagements auch jenseits der eigenen Landesgrenzen.[232] Erst wenn sich ein solches Verständnis

218 Vgl. ebd., S. 70–72.
219 Vgl. Rasmussen, *Velfærdsstaten*, S. 76–79, 82; Hansen/Henriksen, *Sociale brydninger*, S. 17–20.
220 Vgl. Rasmussen, *Velfærdsstaten*, S. 132–139.
221 Vgl. ebd., S. 198.
222 Vgl. Hansen/Henriksen, *Sociale brydninger*, S. 29–31.
223 Ebd., S. 17.
224 Benannt nach dem Weltuntergang der nordischen Mythologie, der auf den Kampf der Götter folgt.
225 Vgl. Rasmussen, *Velfærdsstaten*, S. 153.
226 Rodes Rede hier zitiert nach ebd., S. 88. Vgl. ebd., S. 86–91; Hansen/Henriksen, *Sociale brydninger*, S. 24–29.
227 Rasmussen, *Velfærdsstaten*, S. 89.
228 Nexø, De tomme Pladsers Passagerer, S. 131.
229 James Vernon: *Hunger. A Modern History*, Cambridge, London 2007, S. 41–80. Vgl. auch Maximilian Buschmann: »Hungerstreiks. Notizen zur transnationalen Geschichte einer Protestform im 20. Jahrhundert«, in: *Aus Politik und Zeitgeschichte*, 65. Jg., 49 (30. November 2015), S. 34–40, hier S. 35.
230 Vernon, *Hunger*, S. 2.
231 Vgl. ebd., S. 2 f.
232 Vgl. ebd., S. 17–40.

von Hunger als gesellschaftlichem Problem, ja Skandal, herausgebildet hat, kann Hunger auch als Protestform funktionieren.

Der bei Vernon beschriebene Zusammenhang ist auch für den historischen Publikationskontext der Erzählsammlung *De tomme Pladsers Passagerer* relevant: Die Texte erschienen in einer Zeit, in der sich Grundzüge wohlfahrtsstaatlicher Strukturen ausprägten. Inhaltlich knüpfen Nexøs Texte an Argumente des sozialen Paradigmas an. Darüber hinaus sollten ihre Erlöse den Hungernden in Russland zukommen. Dadurch werden sie Teil jener Geschichte der humanitären Entdeckung des Hungers, die Vernon erzählt.

Rationierung ist ein anderes Element in dieser Geschichte des Hungers, verstanden als gesellschaftliches Problem. Vernon erzählt die Geschichte der Rationierung in seinem (britischen) Zusammenhang nicht allein als Versorgungs-, sondern vor allem auch als Disziplinierungsgeschichte, in der die Ernährungswissenschaft und die politischen Institutionen den Haushalten und insbesondere den Hausfrauen vorschreiben wollten, was gegessen und wie es zubereitet werden sollte.[233] Dazu wurden Verteilungswege und Arbeitsschritte gesteuert. Er sieht in diesem disziplinierenden Moment auch eine Kontinuitätslinie zwischen der Geschichte von *workhouses* und Gefängnissen und Gemeinschaftskantinen und Kriegsrationierung.[234]

Nexø deutet Rationierung in Dänemark als Element einer staatlichen Versorgungspolitik und im sowjetischen Zusammenhang als Teil der negativen Gleichheit, die Voraussetzung für die positive Gleichheit ist, die im Kommunismus herrscht. Dabei impliziert die Besetzung der leeren Plätze als wiederkehrendes Motiv den Traum einer restlosen Verteilung, die garantieren soll, dass niemand zurückgelassen wird und niemand hungert.

Doch auch dieser Traum hat eine Kehrseite, die sich in der aggressiven Haltung gegenüber den »Kapitalisten« äußert, die auf deren Repräsentation in den literarischen Texten durchschlägt. Die Abstraktion, die diese Texte dem Geld vorwerfen, vollziehen sie selbst in ihrer Darstellung der politischen Gegner, denen menschliche Komplexität und Emotionalität abgeht.

Man könnte vor diesem Hintergrund sagen, dass es folgerichtig ist, wie oft diese Texte von Spuk erzählen. Der Traum von der Besetzung der leeren Plätze droht heimgesucht zu werden von der Vernichtung der Körper, die die Texte dem Kapitalismus zuschreiben. So endet die Erzählung »Guds Søn og Fandens Kælebarn!« mit Gottes Äußerung gegenüber dem Proletarier, gemeinsam würden sie nun Himmel und Erde von Ungeziefer (»Utøj«) reinigen – von diesem Tag an solle ROT die Farbe des Proletariers sein.[235] Die Metaphorik der Reinigung von Ungeziefer erinnert an die Sprache des Nationalsozialismus.

Im Unterschied zu dieser Erzählung verharrt die Geschichte von den Passagieren der leeren Plätze aber auf der Schwelle, die sie erzählt. Der Erzähler ist zwischen der Welt der Geister und der Lebenden positioniert und profitiert letztlich von seiner Fahrkarte, die garantiert, dass er in der physischen Welt verbleiben kann. Diese lebensrettende Fahrkarte hat eine Entsprechung zur Rationierungsmarke, denn sie unterscheidet sich vom elenden Schilling der Teuerungszeit durch ihren bestimmten Gegenwert.

Das Flüchtlingslager Zaatari im Norden Jordaniens nimmt im Jahr 2014 die Ausmaße einer Großstadt an. In einer kargen Wüstenregion unweit der syrischen Grenze stellt sich das Problem der Lebensmittelrationierung unter den Bedingungen verschärfter Knappheit, insbesondere des Wassers. Rationiert wird über moderne Finanztechnologie, ohne dass die Verteilungskonflikte sich hierdurch entschärfen ließen. Die *New York Times* berichtet, wie eine neu eingetroffene Familie sich in dem Wohncontainer einrichtet, der einer bereits länger in der Zeltstadt lebenden Familie zugewiesen worden war.[236] Der damalige Senior Field Coordinator des UNHCR, Kilian Kleinschmidt, ruft jedoch nicht die jordanische Lagerpolizei, die in anderen Auseinandersetzungen schon Verletzte zu beklagen hatte. Vielmehr entzieht er der Familie die Lebensmittelgutscheine. Dies zeigt die spannungsreiche Stellung der Rationierung: Die zentralisierte Allokation steht zwischen der bedingungslosen Anerkennung von Grundrechten einerseits und den Potenzialen des Verfahrens zur Disziplinierung und räumlichen Bindung der Empfänger andererseits.

Zaatari bildet auch deshalb ein entscheidendes Kapitel der jüngeren Rationierungsgeschichte, weil es zu den ersten Flüchtlingslagern gehört, in denen von direkter Versorgung mit Nahrungsmitteln schrittweise auf ein voll elektronisches Rationierungssystem umgestellt wurde: Als sich die urbane Struktur 2012 in der Nachbarschaft eines Krankenhauses zu entwickeln beginnt, werden zunächst Lebensmittel verteilt. Seit dem 17. September 2013 sind Rationierungsmarken aus Papier im Einsatz. Am 14. Oktober 2014 wird Zaatari das erste Lager, in dem zusätzlich elektronische Gutscheine eingeführt werden, die durch ihr »MasterCard«-Logo und die Verwendungsweise wie Kreditkarten wirken (Abb. 35). Technisch gesehen handelt es sich allerdings um Prepaid-Karten, die sich insbesondere hinsichtlich ihres Abdrucks in der globalen Daten-Cloud des WFP von Kreditsystemen unterscheiden. Die Formate werden zudem stetig weiterentwickelt, so dass das Lager als ein Laboratorium der *multiplicities of money* gelten kann. Jane I. Guyer und andere diskutieren mittels dieses Begriffes die internationale Vermischung und den parallelen Gebrauch unterschiedlicher Währungstypen.[237]

Im Zuge der Renaissance der Rationierungsmarke, die seit etwa 2005 zu verzeichnen ist, hat sich das Prinzip der Vermittlung jedoch deutlich verändert. Es ist zu konstatieren, dass die Rhetorik der Gleichverteilung – die fast synonym für den Gerechtigkeitsanspruch der Distribution steht – verblasst. Sie beginnt sich in dem Maße von den Rationierungsmarken zu lösen, wie diese sich in digitale und monetarisierte Formate verwandeln. So kommt es, dass

233 Vgl. z. B. ebd., S. 230 f.
234 Vgl. ebd., S. 160.
235 Nexø, Guds Søn og Fandens Kælebarn!, S. 151.
236 Michael Kimmelman: »Refugee Camp for Syrians in Jordan Evolves as a Do-It-Yourself City«, in: *New York Times*, 4.6.2014.
237 Die neuen Kartentypen sind Teil der Pluralisierung der Zahlungsmittel, der *multiplicities of money*, die Jane I. Guyer beschreibt: »Soft Currencies, Cash Economies, New Monies«, in: *Past and Present* 109 (2012), S. 2214—2221.

die technische Neuauflage der Rationierung in einem gewissen Sinn zugleich ihr Ende bedeutet, da die Modalitäten, Verwaltungstiefen und Vorstellungswelten gravierend von den vorherigen ökonomischen Praktiken abzuweichen beginnen.

Um die Effekte dieser vielschichtigen Transformation umreißen zu können, stehen die jeweiligen materiellen Träger der Verteilung im Zentrum der Analyse. Dieser Fokus auf dem Distributionsmedium (Rationierungsmarke oder Gutschein, Chipkarte oder SMS-basierte Formate) wäre in erster Näherung als Materialitätsgeschichte zu verstehen. Tatsächlich entwickelte sich die Methode jedoch aus der Paranumismatik – jenem Bereich der Wissenschaft von Geldobjekten, dem es in erster Linie um die lediglich geldähnlichen Objekte ohne regulären Kurswert geht.[238] Herangezogen werden die maßgeblichen Evaluationen des World Food Programme zur Implementierung von Rationierungsprogrammen sowie die umfänglichen Handbücher, etwa das *Cash and Vouchers Manual.*

Da die Rationierungsmarke als Kreditkarte auftritt, interessieren zunächst Gemeinsamkeiten und Unterschiede dieser Transfermechanismen. Die Fusion beider Typen kann nur als Mesalliance eingestuft werden. Die Medien der Rationierung werden im anschließenden Passus als Grenz- und Lokalisierungstechnologie diskutiert, da die Ernährung überraschenderweise einen Ortsindex erhält. Drittens fällt gerade im Vergleich zu den argentinischen patacones auf, dass die humanitären Verwaltungsgelder des WFP von einem Zentrum aus organisiert werden. Neben Sodexo treten MasterCard und VISA als Hersteller der Tauschmedien. Dennoch gibt es auch im Bereich der *food security* Bottom-up-Prozesse. Die Erstkonstituierung von Wert- und Tauschformaten wird im Zusammenhang mit kenianischen SMS-Gutscheinen erläutert, die von den Nutzerinnen in eine Währung aus Gesprächszeit verwandelt wurden.

Die zentrale Fragestellung betrifft allerdings die kulturelle Codierung der Verteilung. Wo die analogen Medien des Tausches umgeschrieben werden, ist eine Archäologie des Quantitativen von besonderem Interesse. Gerechte Verteilung, *fair shares* und gleiche Mengen bildeten im gesamten 20. Jahrhundert den entscheidenden imaginären Baustoff dieser Distributionstechnik. Die Gleichverteilung legitimierte die Regierungen, die vor dem Horizont der Nahrungsmittelknappheit als biopolitische Schutzmacht auftreten. Ein erklärter moralischer Anspruch machte die Allokationsform anfällig für immer wieder aufflammende Proteste der Nutzer – ein Widerspruchswille, der für die marktwirtschaftliche Zuteilung der Lebensmittel womöglich weitaus weniger typisch ist. Inzwischen zeichnet sich ab, dass sich die egalitär basierte Allokation der Stoffe weiter fortsetzt, dass sich jedoch die Konnotationen des Prozesses nach dem vollzogenen Medienwechsel kaum wiedererkennen lassen. Zudem verlieren die Rationierungsmarken im Zuge ihrer Virtualisierung und Finanzialisierung den Verweischarakter auf die Stofflichkeit. Die Veränderungen beginnen mit ihrem Auftreten als Kreditkarte.

Zaatari galt um das Jahr 2016 als das zweitgrößte Lager der Welt, das zugleich die viertgrößte Stadt Jordaniens bildete (Abb. 36): An diesem Experiment beteiligt waren konstant um die 100 000 zumeist syrische Flüchtlinge, 130 internationale und intergouvernementale Organisationen,[239] die jordanische Polizei sowie zahlreiche informelle Organisationen. Für ein beunruhigend hohes Gewaltniveau berüchtigt, zeichnet sich Zaatari zugleich durch den Entwicklungsgrad der Privatökonomie mit Kiosken, Fahrradläden und Pizza-Lieferanten aus. Dies ergänzt den Versuch unterschiedlicher Hilfsorganisationen, für Gesundheit, Bildung, Wasser, Strom, Straßen, Wohnraum, Sport und Nahrung zu sorgen.

Abb. 35

Zur Sicherung des vitalen Sektors in Krisengebieten setzen internationale Hilfsorganisationen verstärkt auf digitale oder elektronische Transfermechanismen. Zunächst wurde die ›OneCard‹ von Akteuren des Welternährungsprogramms WFP, des Flüchtlingshilfswerkes UNHCR und der Kindernothilfe UNICEF zum materiellen Träger der Verteilung gemacht.[240] Den (teilweisen) Abschied von der direkten Materialverteilung (*in-kind*-Rationierung) und den verstärkten Einsatz digitaler Gelder beschreiben die humanitären Akteure selbst als Übergang von Food Aid zu Food Assistance.[241]

An die Stelle der Stoffe treten Buchungen. An die Stelle metrologischer Quantitäten treten monetäre Summen. Die OneCard schreibt den Nutzern zudem eine neue Rolle zu. Die Logos von VISA oder MasterCard auf den elektronischen Rationierungsgutscheinen wirken im Falle syrischer Geflüchteter eigentümlich fehl am Platz. Diese Aufmachung bezeugt optisch eine Mesalliance aus Versorgtwerden und finanziellem Vermögen.

238 Der Begriff »Paranumismatik« wurde 1977 von Brian Edge und David Sealy geprägt—aktiven Mitgliedern der amerikanischen Token Corresponding Society. Zusammengefasst werden diejenigen geldähnlichen Objekte, die weder als volle Währung mit Kurswert noch als Medaillen einzustufen sind. Versammelt sind Coupons, Jetons, Gutscheine, Marken, Gewichte, Scheidemünzen, Kerbstöcke, das Notgeld und insbesondere die Lebensmittelmarken. Jedoch liegt der Fokus der Numismatiker vorwiegend auf Plastik- oder Metallmarken, während die Rationierungsmarken zumeist als Papierformate vorliegen. Russel Rulau et al. (Hg.): *Standard Catalog of United States Tokes 1700—1900*, 4. Aufl., Iola 2004, der den Begriff als einer der bekanntesten Sammler von Tokens prägte, allerdings Medaillen mit aufnahm.

239 Vor Ort agieren unter anderem: UNICEF, UNHCR, Technisches Hilfswerk, International Medical Corps, Mercy Corps, Save the Children, International Relief, World Food Programme, Norwegian Refugee Council, United Nations Population Fund, Noor Al Hussein Foundation, Jordan Health Aid Society, Oxfam, International Rescue Committee, Relief International, Japan International Cooperation Agency.

240 UNHCR: United Nations High Commissioner for Refugees; USAID: United States Agency for International Development.

241 Steven Were Omamo/Ugo Gentilini/Susanna Sandström (Hg.): *Revolution. From Food Aid to Food Assistance Innovations in Overcoming Hunger*, The World Food Programme 2010, zuletzt aufgerufen am 9.9.2015.

Ausgerechnet die Rationierungskarte, die den Mangel verwaltet, erweckt den Anschein einer freien Verfügung über privaten Kredit und macht die Geflüchteten zu Unternehmern. Überraschenderweise zeigt die Vorgeschichte der Rationierungsmarke jedoch durchaus Parallelen zu derjenigen der Kreditkarte – insbesondere im Stammland der bargeldlosen Zahlung, den USA.

Aufgrund der Verflechtungen lohnt ein Blick zurück. Am US-amerikanischen Beispiel zeigt sich die Tendenz zur Entmaterialisierung deutlich: Rationierungssysteme waren – wie in fast allen Kriegsökonomien des 20. Jahrhunderts – in den Vereinigten Staaten für die gesamte Bevölkerung verbindlich. Die Allokation bemaß sich nicht am Verdienst, mithin den vermeintlichen Leistungen einer Person, sondern an ihrem Lebensbedarf und dies in standardisierter Form. Pamphlete, Imagefilme und die Slogans auf den Marken selbst betonten stets die Fairness gleicher Verteilung, und mit Leichtigkeit spiegelt sich die soziale Egalität in der quantitativen Gleichförmigkeit der Einheiten und Portionen (Abb. 10). Allerdings wurde diese Sprache der Menge in den staatlich zugeteilten Quantitäten im Zweiten Weltkrieg in Teilen abgemildert.[242]

Abb. 36

Bereits ab 1942 setzte man das in Großbritannien erprobte *point rationing* ein, bei dem nicht länger eine Marke für ein Produkt stand und das so zugleich einen gewissen Spielraum bei der Auswahl der Stoffe ließ.[243] Zudem wurden Konzessionen an die Kaufkräftigen gemacht, die innerhalb des Rationierungssystems gewisse Vorteile durch die Wahl geringerer Mengen höherwertiger Produkte erlangen konnten. Dabei lag der Akzent nicht mehr auf dem Stoff, also der zugeteilten Menge an Nahrungsmitteln, da die ausgeteilte Rationierungsmarke nicht mehr direkt einer konkreten Quantität entsprach. Aus einem Gutschein für das Material verwandelte sie sich in eine Lizenz. Die Indexikalität wurde so weit gelockert, dass jedem Haushalt eine Menge aus dem Produktbereich Fleisch oder Konserven in Form von Punkten zuerkannt wurde.

Die so kontrollierten Waren erhielten einen (gedeckelten) Preis in Dollar sowie einen zweiten »Preis« in Rationierungspunkten, die allerdings vom Office of Price Administration in Abstimmung mit anderen Agenturen wöchentlich verändert wurden. Die aktuellen Werte der Punkte waren dem Radio und der Zeitung zu entnehmen. Geld wurde nicht überflüssig, es konnte aber nur in dem von der Rationierungsmarke vorgeschriebenen Rahmen seine Kaufkraft verwirklichen. Selbst wenn genügend Obstkonserven im Laden vorrätig waren und genügend Geld zur Verfügung stand, konnten doch die Punkte aufgebraucht sein und der Kauf hierdurch verhindert werden. Der Effekt des *point rationing* war derjenige einer zweiten Währung zur Reduktion des Konsums. Es leistete eine Anpassung des Verbrauchs an die Stoffe und die unterschiedliche ökonomische Leistungsfähigkeit der Marktteilnehmer, übertrug also markttypische Elemente auf den zentral verwalteten Allokationsmechanismus.

Um die Kontrolle zu verwirklichen, entstand ein landesweites Netz von registrierten Lebensmittelhändlern. Für die Distribution wurde jede Region nochmals in unterschiedliche Block- und Autoritätszonen unterteilt, innerhalb deren die Rationierung in das jeweilige orts- und urbanitätsspezifische Netzwerk nachbarschaftlichen Handels integriert werden sollte. Das Committee on Food Habits unter der Leitung der Ethnologin Margaret Mead lieferte hierfür genaueste Beobachtungen, um die Grenzen des guten Geschmacks, die religiösen, regionalen, status- oder genderbedingten Unmöglichkeiten der Ernährung so gut wie möglich einzuhalten.

All dies erforderte Verwaltung mit jedem Kaufakt. Genau hier beginnen die Parallelen in der Geschichte der Rationierungsmarke, der Geschichte der Kreditkarten und der späteren elektronischen Gelder. Die entscheidende Entwicklungsphase der Kreditkartensysteme setzte in den USA sieben Jahre später, nämlich 1949, mit Diners Club ein. Bis 1966 konnte das Finanzinstrument den Markt voll durchdringen, selbstredend in Form unterschiedlicher privater Marken. Sebastian Gießmann nennt Trip-Charge (1955), Universal Travelcard (American Hotel Association, 1956), Esquire (1957) und Carte Blanche (Hilton 1958).[244]

Im Vergleich zeigt sich, was diese verwaltungsintensiven Zahlungsmedien von Bargeld unterscheidet. Die aufwendige Bürokratie der Identifizierung des »Käufers« sowie die Schaffung eines Netzwerkes registrierter Händler. Kreditkartenfirmen verwalten die Finanzen strikt personalisiert und sind wie die Rationierungsmarke personengebunden. Für dieses Element der Identifizierung musste ein schnell abrufbares Verwaltungssystem geschaffen werden, das im Falle der Kreditkarte bei jedem einzelnen Zahlungsvorgang die Kredit-

242 Wo immer Rationierung eingeführt wird, entstehen zudem Schwarzmärkte, die aber oft auf Naturaltausch beruhen und der Ökonomie nochmals eine eigene Richtung geben. Jakob Tanner: »Incorporated Knowledge and the Making of the Consumer. Nutritional Science and Food Habits in the USA, Germany and Switzerland (1930s to 50s)«, in: *Knowing Consumers. Actors, Images, Identities in Modern History*, Tagung am ZIF Bielefeld 2004, zuletzt aufgerufen am 21.9.2015; Malte Zierenberg: *Stadt der Schieber. Der Berliner Schwarzmarkt 1939–1950*, Göttingen 2008; Paul Steege: *Black Market, Cold War. Everyday Life in Berlin, 1946–1949*, Cambridge 2007.

243 Die Einführung dieses Systems wird als einer der großen Siege an der Heimatfront beschrieben: Ina Zweiniger-Bargielowska: *Austerity in Britain. Rationing, Controls and Consumption*, Oxford 2000. Vgl. zur Rationierung allgemein: Keith Allen: »Sharing Scarcity. Bread Rationing and the First World War in Berlin, 1914–1923«, in: *Journal of Social History* 32/2 (1998–1999), S. 371–393; Matthias Middell/Felix Wemheuer (Hg.): *Hunger and Scarcity under State-Socialism/Hunger und Knappheit im Staatssozialismus*, Leipzig 2012; Felix Wemheuer: *Der Große Hunger. Hungersnöte unter Stalin und Mao*, Berlin 2012; Allison Carruth: »War Rations and the Food Politics of Late Modernism« in: *Modernism/Modernity* 16/4 (2009), S. 767–795; Bernard Le Marec: *La France rationnée. Histoire illustrée des restrictions (1940–1949)*, Paris 2012; Lizzie Collingham: *The Taste of War. World War Two and the Battle for Food*, London 2011; Benjamin Medea/Joseph Collins: »Is Rationing Socialist? Cuba's Food Distribution System«, in: *Food Policy. Economics Planning and Politics of Food and Agriculture* 10 (1985), S. 327–336; August Busch: *Rationierung und Verteilung von Lebensmitteln. Eine Studie*, Frankfurt a.M. 1917; August Skalweit: *Deutsche Kriegsernährungswirtschaft*, Stuttgart 1927, S. 240 (= Wirtschafts- und Sozialgeschichte des Weltkrieges. Hg. v. James T. Shotwell); Christian Gerlach: »Die Welternährungskrise 1972 bis 1975«, in: *Geschichte und Gesellschaft* 31/4 (2005), S. 546–585.

244 Sebstian Gießmann: »Towards a Media History of the Credit Card«, in: Tobias Harks/Sebastian Vehlken (Hg.): *Neighborhood Technologies. Media and Mathematics of Dynamic Networks*, Zürich, Berlin 2015, S. 165–184, hier S. 169.

würdigkeit überprüft – anfangs per Telefon. Eine entscheidende Voraussetzung dafür waren landesweite Informationsnetzwerke: MasterCard setzte in der Folge nicht auf Franchising, sondern eine Kooperation zwischen Banken.[245] Einen entscheidenden Faktor stellt die Computerisierung dar, die zugleich den ersten Schritt in Richtung heutiger Verwaltungsgelder bedeutet. Während Lewis Mandell die Kreditkarte als Mobilisierung bestehender lokaler Kreditsysteme beschreibt, geht Sebastian Gießmann einen Schritt weiter und wertet die aufgebauten Standards, Technologien und Büros als Verfestigung bestehender sozialer Netzwerke des Vertrauens.[246] Offenkundig kommt den neuen technischen Möglichkeiten eine erhebliche Rolle für die Entwicklung der kreditbasierten Zahlung zu. Während die Forschung bisher den Zusammenhang von Kommunikationsgerät und den sozialen Spielräumen des Kredites bzw. des Vertrauens thematisiert, bleibt zu überlegen, welcher Status dieser technisch versierten »Service-Bürokratie« zugeschrieben werden muss.

Kreditkarten wurden anfangs als Zahlungsform der weißen männlichen Oberschicht beworben. Nicht nur die Lokalität der Person wurde erfasst, es zählte zudem ihre Moralität oder Fähigkeit, jede Schuld zu begleichen und mit ihrem Namen zu bürgen. Besonders erfolgreiche Firmen brachen jedoch mit dieser Herangehensweise und versandten unaufgefordert Karten auch an weibliche Personenkreise, deren Kontoführung zuvor nicht geprüft worden war – neben Bank Americard (später VISA) war Master Charge (später MasterCard) an dieser Kreditschwemme führend beteiligt.[247]

Vergleichbar an Kreditkarte und Rationierungsmarke ist zunächst die auffällige Notwendigkeit einer Registrierung ausgewählter Händler. Hinzu kommt gerade bei der Kreditkarte der Aufbau eines landesweiten Identifizierungsnetzwerks, mithin ein erheblicher Aufwand an privater Bürokratie, sowie die Einschränkung der Zahlungsfunktion dieses »Geldes« auf registrierte Läden.

Der gravierendste Unterschied besteht hinsichtlich der konträren Ausrichtung auf einerseits Steigerung, andererseits Reduktion des Konsums. Während die Kreditkarte für Luxus steht, wird die Rationierungsmarke zur Sicherung der Vitalität eingesetzt – sie kann Nahrung, Wasser, Brenn- und Treibstoffe umfassen. Die Kreditkarte privilegierte in den 1950er und 1960er Jahren Männer, während Werte, die in Form von Rationierungsmarken vorliegen, weitaus häufiger in die Kontrolle von Frauen geraten, als dies selbst bei Bargeld der Fall wäre.[248] Hinzu kommt, dass der Staat die Gültigkeit der Rationierungsmarke gewährleistet. Die Kreditkarte hingegen, bei der in früheren Zeiten noch eine Nummer per Telefon weitergegeben wurde, um die Deckung zu prüfen, basiert auf privater Reputation. Sie beruht nicht auf Guthaben, sondern dehnt den Verfügungsrahmen auf künftige Gewinne aus. Insofern misst sie die individuelle Leistungsfähigkeit. Weit entfernt davon, der ganzen Bevölkerung zugänglich zu sein, lebt das Prestige der Kreditkarte von der vermeintlichen Selektivität. Wenn die Realitäten des Massenkredits inzwischen die Grenzen auch verschoben haben mögen: Zum beworbenen Prinzip der Kreditkarte gehört, dass die Auswahl vorzüglicher Finanzakteure ihr Gütesiegel ist und sie konträr zu egalitären Prinzipien steht. Für dieses Privileg, sein eigenes Geld schöpfen zu können und dies auch öffentlich zu demonstrieren, wird mit herkömmlicher Münze bezahlt: Die Kreditkartenfirmen erheben für ihre Verwaltung der Bezahlung minimale Gebühren, die als Bezahlung der Zahlungsmöglichkeit gelten müssen. Der Kunde konsumiert oder kauft hierdurch Prestige, neben Bequemlichkeit, Transportsicherheit und der Möglichkeit, in knappen Zeiten kurzfristig auf die Mittel der Zukunft zugreifen zu können.

Im Vergleich zum Bargeld stellt das Geschäftsmodell der Kreditkarten-Firmen sich als eine gewisse Ausweitung des Seigniorage-Prinzips heraus. Der Staat hat nicht mehr das alleinige Recht auf die Herausgabe des Geldes und damit auf das Geschäft am Geld. So beteiligen sich immer mehr Firmen (nicht allerdings die Kreditkarten-Kunden) am Profit mit dem Tauschmedium. Der Gewinn, der sich an jeder Münze und mit jedem Papierschein machen lässt, da nach Abzug von Produktions- und Materialkosten stets mehr Wert realisiert werden kann, bleibt eine klassische Quelle der Wertschöpfung. Die immer wieder behaupteten Hoheitsrechte des Staates über das Geld und die Münzprägung sind sowohl von der Finanzgeschichte als auch von der Numismatik als brüchige Grauzone beschrieben worden. Für Joseph Vogl wird genau in dieser Sphäre der Schöpfung von Finanzinstrumenten und Geldtypen die Beugung der Staatsgewalt und die unvermutete Schaffung von Vorteilen zum Regelfall. Denn wenn es um die Finanzen geht, ist der Staat nicht souverän. Er ist bei den Finanzen fast wie ein Sterblicher gebunden; Firmen wie Finanzakteure können weitestgehend unbemerkt infrastrukturellen Einfluss ausüben.[249]

Für die unvermutete gouvernementale Dynamik der monetären Sphäre spricht auch die große Masse von Marken, Tokens, Privat-, Regional- und Armengeldern aus privater Hand, die jahrhundertelang die Regel, nicht die Ausnahme darstellten.[250] Erst in den letzten Jahrzehnten hat die weitgehende Angleichung von Landesgrenzen und Nationalwährung diese Bereiche in Vergessenheit geraten lassen. Der Wechsel der Rationierungsmarke von Papier auf digitale Systeme bringt weitaus mehr mit sich als einen Medienwechsel. Neue Typen des Bezahlens geraten in Reichweite. Die Grammatik und Wahrnehmung des Verteilungsprozesses verschiebt sich.

245 »The *Interbank* members very soon cooperated with the Californian ›Western States Bankcard Association‹ that had created the *Master Charge* brand in 1966. Both networks joined in 1967. In 1968, the results of this rush in organizational changes became visible: there were now two competing national networks of banks: the *BankAmericard* franchise system, and the Interbank cooperative system.« Ebd., S. 180.

246 »So while the impact of IT on credit card banking cannot be underestimated, it should also not be exaggerated—the social dynamics of the credit business are mostly external to computerization, yet they were pushing the technological development of cooperative digital computing resources.« Ebd., S. 173.

247 Ebd., S. 175.

248 Omamo/Gentilini/Sandström (Hg.): *Revolution*, S. 54 f. Dies gilt allerdings nur für den modernen Typus des Coupons. Innerhalb der Zuteilungsklassen konnten Frauen, insbesondere Hausfrauen, durch verminderte Anrechte sehr schlecht dastehen: Donna Harsch: »The Politics of Provisioning in the Soviet Zone of Occupation«, in: Wemheuer/Middell (Hg.): *Hunger and Scarcity under State-Socialism*, S. 277—303.

249 Joseph Vogl: *Der Souveränitätseffekt*, Berlin, Zürich 2012.

250 Eric Helleiner: *The Making of National Money: Territorial Currencies in Historical Perspective*, Ithaca 2003, S. 24.

2005 wird in der Literatur zumeist als dasjenige Jahr bezeichnet, in dem die unterschiedlichen Entwicklungswege der Rationierungsmarke und der Kreditkarte in humanitären Finanzprodukten wie der OneCard oder der Smart Card unvermittelt in eins fallen.[251] Die Systeme werden implementiert und können von unterschiedlichen Akteuren der Notfallhilfe vor Ort verwendet werden, was in der Rhetorik der Hilfsagenturen Transaktionskosten senkt und Lebenszeit der Geflüchteten spart.[252] In der Literatur wird oft die Katastrophenhilfe in der Folge des Tsunamis von Weihnachten 2004 als wichtiger Faktor genannt. Eine beispiellose Spendenaktivität bot damals den finanziellen Spielraum, in den betroffenen Regionen neue, experimentelle Mittel einzusetzen.[253] Hierzu gehörte die Rationierung in Form von Bargeld anstelle der Lebensmittel.

Diese Entwicklung hat eine technische Seite, denn zumeist wurden die Zuteilungen von geldwerten Summen über elektronische Gelder realisiert. Der Finanzsoziologe Bill Maurer verfolgt die Einführung neuer Tauschmittelprinzipien in unterentwickelten Regionen unabhängig von der Rationierung, jedoch mit dem Akzent auf der Medieninnovation. Als wichtigste Legitimationsstrategie, die zur Finanzialisierung der Notfall- und Entwicklungsassistenz der mächtigen Geberländer geführt haben dürfte, ist der weltweite Markt für Mikrokredite anzusehen.

Für Maurer ist diese Erklärung allerdings nur eine von vier »Stories«, die um diese soziotechnischen Neuerungen herum entstehen.[254] E-Cards erweisen sich als Instrumente der überaus erfolgreichen Mikrokreditbewegung, die in der Abschaffung der Armut vermehrt mittellose Frauen in die Vergabesysteme von Krediten einbezieht. Was lokal eine reale Möglichkeit sein kann, der Armutsfalle zu entkommen, stellt auf institutionellem Level zunächst ein Umdenken dar. Galt doch zuvor, dass sich die Eröffnung eines Bankkontos, der Zugang zu Finanzinstrumenten und überhaupt der monetären Sphäre für einkommensschwache Bevölkerungsschichten und gar migrierende Bevölkerungen nicht rechnet. Während das *credit rationing* – also der Zugang zu Kapital- und Aktienmärkten – auch weiten Teilen insbesondere der weiblichen Mittelschicht versperrt bleibt,[255] stabilisiert sich neuerdings am unteren Ende der Einkommensskala das umgekehrte Verhältnis. Unter dem Stichwort der *financial inclusion* wird der Zugang zu Mikrokrediten für Frauen und insbesondere weiblichen Gruppen angestrebt, um den Bereich der vitalen Versorgung zu sichern und kleine Produktionszuwächse zu ermöglichen.

Neben spekulativen Gewinnen entdeckt das Bankgewerbe seit den 1980er Jahren zunehmend den kontinuierlichen Strom minimaler Gebühren, die aus diesen Inklusionsbewegungen resultieren. Maurer zitiert John Reed als Schlüsselfigur einer Versicherungsstrategie: Da sich diese Einkünfte aus dem Bereich der vitalen Grundbedürfnisse auch in Krisenzeiten als konstant erweisen, können sie als eine Versicherung gegenüber den Finanzkrisen und Tiefpunkten der Spekulation dienen,[256] ähnlich wie die »Remittances« – die Rücküberweisungen der Arbeitsmigranten in weniger wohlhabende Länder. Die neuen Transmissionsinstrumente der Lebensmittelrationierung sind nur vor dem Hintergrund dieser größeren Entwicklung der jetzt technisch möglichen finanziellen Inklusion und der *poor economics* zu begreifen.

Die Rationierung ist niemals Kredit. Sie ist immer Transfer realer Werte eines zentralen Akteurs an ganze Bevölkerungsgruppen. Wenn die Rationierung zwar nicht als Kredit angesehen werden kann, so ist doch nicht von der Hand zu weisen, dass der Aufbau der betreffenden Infrastrukturen und die Eingewöhnung in entsprechende Finanzinstrumente stattfindet. Im Gegensatz zu Kreditkarte oder Bargeld enthält das Kriterium der Verteilung eine (wie auch immer fehlgehende) Reflexion der Bedürfnisse aller. Von diesem Prinzip muss aber für Alte, Kranke und die Schwerarbeiter abgewichen werden. Die humanitären Organisationen stufen ihre Leistungen oft nach der mangelnden Kraft zur Selbsterhaltung ab. Im Gegensatz zur Marktallokation ruft die zentral verwaltete Verteilung der Güter oftmals Proteste hervor. Der Unmut richtet sich auf die Verteilungskriterien selbst oder die individuelle Einordnung in die Berechtigungsklassen. Überall aber bietet die Behauptung einer fairen Verteilung weit mehr Stoff für Konflikte als die Allokation unter den Bedingungen des freien Marktes.

Zusammenfassend lässt sich unterstreichen, dass bei strukturellen Gemeinsamkeiten der Verwaltung die technischen Infrastrukturen der Verschuldung und die Rhetorik des Kredits den größten Unterschied zwischen Rationierungsmarke und Kreditkarte bilden. Ganz im Gegensatz zum redistributiven Prinzip der Rationierung steht die Kreditkarte für die Schöpfung eines privaten Geldes aus der individuellen Glaubwürdigkeit, der monetären Integrität und der Zahlungsmoral. Die Kreditkarte ist im Prinzip ein Vertrauensvorschuss, der auf vorzüglichen Qualitäten beruht. Besonders geeigneten finanziellen Akteuren wird der Konsum der Zukunft in kleinen Schritten zugestanden. Das Kreditprinzip dieser Karte ist positiv belegt und steht in großem Gegensatz zu ökonomischen Schulden.[257] Wie aus eigener Kraft ermöglicht die Kreditkarte Vorwegnahme der finanziellen Spielräume des kommenden

251 Omamo/Gentilini/Sandström (Hg.): *Revolution*, S. 75 f.

252 Neben dem World Food Programme (WFP) ist ECHO die entscheidende Regierungsagentur der EU. Das Rote Kreuz wie der Rote Halbmond sind integriert.

253 Johanna Upton/Erin Lentz: »Expanding the Food Assistance Toolbox«, in: Christopher Barrett/Andrea Binder/Julia Steets (Hg.): *Uniting on Food Assistance: The Case for Transatlantic Cooperation*, London 2011, S. 7. Die Faktoren lassen sich wesentlich erweitern: Die Agrarpolitik vieler Geberländer hat längst die größten Berge an Überproduktion abgebaut und die hohen Kosten und marktwirtschaftlich wenig wünschenswerten Nebeneffekte der *in-kind*-Rationierung waren ebenfalls bereits länger bekannt. Der Abschied von paternalistischen Vorschriften für die Empfänger scheint allerdings ein etwas fadenscheiniger Grund zu sein, wenn man die Tiefenstrukturen der neuen Rationierung weiterverfolgt, die für einen umfassenden Wandel in der Entwicklungshilfe zu stehen scheinen. Das Poverty Relief Action Lab des MIT, das mit der Durchsetzung der Methode doppelt blinder Testverfahren der Entwicklungshilfe eine neue Datenbasis gegeben hat, evaluiert *conditional cash transfers* (CCT's) ebenso positiv, wie die Monitoringseite ›Cash Learning Practice‹, die Initiativen der Rationierung über Bargeld umfänglich bündelt und dokumentiert: www.cashatlas.org. Vgl. hierzu Abhijit Banerjee/Rema Hanna/Gabriel Kreindler/Benjamin A. Olken: »Debunking the Stereotype of the Lazy Welfare Recipient. Evidence from Cash Transfer Programs Worldwide«, in: *Centre for International Development Harvard Reserach Paper* Nr. 308 (2015), S. 1–45.

254 Bill Maurer: »Mobile Money. Communication, Consumption and Change in the Payments Space«, in: *Journal of Development Studies* 48/5 (2012), S. 589–604.

255 Thomas Piketty: *Das Kapital im 21. Jahrhundert*, übers. von Ilse Utz und Stefan Lorenzer, München 2014.

256 Maurer, Mobile Money, S. 596 f.

257 Vgl. Elena Esposito: *The Future of Futures. The Time of Money in Financing and Society*, Cheltenham 2011.

Tages. Das Resultat ist selbst im positivsten Fall eine größere Einbindung in Kreditverträge und Bedingungen der kreditgebenden Firmen. Wo die Rationierungsmarke zwischen Anerkennung des vitalen Grundrechts jedes Individuums und seiner totalen Regierbarkeit durch die Zuteilung changiert, schwankt das Prinzip der Kreditkarte zwischen aktiver Vorwegnahme der Zukunft und Verstrickung in Schuldsysteme.

Maurizio Lazzarato liefert eine Lesart des Instruments Kreditkarte aus postoperaistischer Perspektive: Sie wird für ihn zu einem symptomatischen Instrument, da sie ihre Nutzer in das einbindet, was er »Schuldenökonomie« nennt – einen umfassend in der Gesellschaft verankerten Machttypus, der in der von Foucault erarbeiteten Typologie auf die Biopolitik folgt. In seiner »nicht-ökonomischen« Analyse steht keinesfalls die finanzielle Transaktion im Zentrum, sondern vielmehr die durch sie bedingte Praxis und die damit einhergehenden Subjektivierungsformen. Die konsequente Überziehung des disponiblen Einkommens, wie sie beispielsweise in den USA zum Normalfall geworden ist, bleibt zwar bezifferbar, bildet aber lediglich die Oberfläche des Phänomens.[258] Für Lazzarato ist die Schuldenökonomie vielmehr ein umfassendes Dispositiv, in dem das Verhältnis von Gläubiger und Schuldner auf unterschiedlichen Ebenen installiert wird. Die »Figur des Schuldners« gilt ihm als subjektive Entsprechung eines neuen Machttypus.

Die technisch-rechtlichen Bindungen des ökonomischen Schuldbegriffes und die subjektiv-moralische Verpflichtung steigern einander. Das Verschuldungsverhältnis ermöglicht überhaupt erst das Geld – wie insbesondere David Graeber aus ethnologischer Sicht beschrieben hat: Münzgeld und Geld entstehen historisch wesentlich später als das persönliche Schuldverhältnis, das auf Verpflichtungen beruht. Die Rückgabegarantien entstehen zunächst als zeichenlose IOUs (»I owe you«), letztlich eine innere Buchhaltung über Tauschbeziehungen.[259] Die Einbindung moderner Schuldverhältnisse kennt demgegenüber viele Dimensionen. Die Skala reicht von sehr grundlegenden Selbstverhältnissen des Subjekts bis hin zu administrativ-technischen Zwängen, die sich jeder Wahrnehmung entziehen: In Ländern wie Griechenland oder Irland werden beispielsweise ganze Generationen in Staatsverschuldungsverhältnisse hineingeboren, die unmöglich abbezahlt werden können, seit die Staatsschulden durch die Finanzwelt vermehrt als Einkommensquelle bewirtschaftet werden. Moralische Schuld regiert die Vergabe der Sozialleistungen, die in Europa wie im globalen Süden verstärkt auf die Disziplinierung der Einkommensschwachen setzt. Unterschiedliche Schuldverhältnisse verweben sich zu einer Infrastruktur des Verhaltens. Die Dyade Gläubiger-Schuldner wird daher unentrinnbar und permanent. Die Kreditkarte steht bei Lazzarato symptomatisch für diese Schuldenökonomie.

Jedoch portraitiert er sie mit Deleuze/Guattari als ein Instrument, das weit jenseits moralischer oder diskursiver Kategorien operiert. Die Karte ist vielmehr eine Form der »maschinischen Indienstnahme«, da der vertrauensbasierte Kredit zwischen Personen in eine »soziotechnische Operation« überführt wird.[260] Der Point of Sale (POS) oder die Bankautomaten diktieren über ihre Bildschirmanweisungen letztlich den Vorgang, der vom Verkaufspersonal bestenfalls kommentiert wird und aus dem Konsumenten ein reaktives »Dividuum« macht.

In den Dispo zu geraten erfordert nur noch einen Tastendruck.[261] Die Kreditkarte und ihre öffentlichen Interfaces binden den Karteninhaber in eine Gestik des Funktionierens ein. Mit Aldo Haesler fasst Lazzarato den Unterschied des aktiv nachgefragten Konsumkredits im Vergleich zur wesentlich passiver einsetzbaren Kreditkarte als eine Umkehr der Initiative.[262]

Die Einführung der *cash assistance* zu Rationierungszwecken begann in großen Ernährungsprogrammen wie in Nordpakistan, hatte jedoch ihre eigentliche Bewährungsprobe im Zusammenhang mit dem Syrien-Konflikt zu bestehen. Zunächst in der Süd-Türkei, später in Lagern wie Zaatari eingesetzt, ermöglicht der Transfer von Geldwerten das »freie Wirtschaften« innerhalb bestimmter Grenzen. Die E-Card dient zur bargeldlosen Bezahlung an den Kassen registrierter Geschäfte, in urbanen Gegenden verschafft sie Zugang zu Bargeld über öffentliche Bankautomaten. Innerhalb des Lagers Zaatari sind vor allem die Supermarktketten Safeways und Tazweed vertreten.[263]

Die Vorteile der unterschiedlichen Systeme liegen auf der Hand. Das *Cash and Vouchers Manual* des World Food Programme empfiehlt diese Form der Rationierung vor allem dort, wo lokale Märkte durch *in-kind*-Rationierung ins Ungleichgewicht gebracht würden. Längst wird der Globale Süden nicht mehr mit der landwirtschaftlichen Überproduktion beliefert, die vor allem Europa und die Vereinigten Staaten lange verschifften, zumal der Transport der Güter kostspielig, langsam und schädlingsanfällig war. Wenn die Verteilung von Bargeld oder Gutscheinen demgegenüber Transaktionskosten spart, bleibt der Transfer doch riskant. Wo nicht ausreichend Macht besteht, die Auszahlung von Bargeld zu gewährleisten, empfehlen sich personalisierte Rationierungsgutscheine oder E-Cards. Für Letztere wiederum müssen allerdings die im Land realisierbaren IT-Standards und das Bankensystem die technische Lösung erlauben und aus ethischer politischer Sicht verlässlich genug sein.

Die E-Card wird ausdrücklich als Teil der *payment evolution* ausgewiesen, einer Neustrukturierung der monetären Sphäre, die angeblich das Ende des Hungers bedeuten soll.[264] Dies bedeutet nicht, dass die papierbasierten Gut-

258 Maurizio Lazzarato: *Die Fabrik des verschuldeten Menschen. Essay über das neoliberale Leben*, übers. von Stephan Geene, Berlin 2012, S. 35.

259 David Graeber: *Debt. The First 5,000 Years*, Brooklyn, N.Y. 2011.

260 Lazzarato: *Fabrik*, S. 122.

261 »Diese Schriftspiele haben keinen Autor, sondern machen sich zusammen an einen Selbstprozess, der Figuren des Sinns formt, die uns auf immer fremd bleiben. Der Tastendruck aktiviert das System und ist gleichzeitig eine Vertreibung des objektiven, rationalen und minimalreflexiven Akteurs.« Ebd., S. 123; vgl. zur monetären Kontrolle: Bill Maurer: »Finger Counting Money. Regulation as Retrospective Ethnography«, in: *Anthropological Theory* 10 (2010), S. 179–185; Thomas Y. Levin (Hg.): *Ctrl [Space]: Rhetorics of Surveillance from Bentham to Big Brother*, Cambridge, Mass. 2002.

262 Aldo J. Haesler: *Sociologie de l'argent et postmodernité*, Genf 1995, S. 282; Michel Aglietta/André Orléan: *La monnaie entre violence et confiance*, Paris 2002, S. 244.

263 Murath Freij: »Two hypermarkets offer Zaatari residents variety of foodstuff«, in: *Jordan Times*, 6.2.2014.

264 Die E-Card ist Teil einer Entwicklung, die unter Praktikern als »key areas of payment evolution« erprobt werden. Unterschieden werden beispielsweise: »virtual goods payment (virtual currencies, micro-payments); e-commerce and m-commerce (e-wallets, prepaid cards, bank transfer services); proximity payments (mobile near-field communication—NFC, mobile barcodes and SMS, contactless card, mobile-based point- the retailers, price fixing risk of-sale terminal); and person to person (mobile money transfer, account-based services, multichannel international remittance).« World Food Programme: *Cash and Vouchers Manual*, 2. Aufl., 2014, S. 30, zuletzt aufgerufen am 10.2.2016.

scheine ausgedient hätten, selbst wenn sie auf Geldwerte umgestellt werden können. Das Handbuch des WFP konstatiert trocken den Vorteil dieser traditionellen Trägerform der Rationierungsmarken gegenüber dem modernen Cash-Transfer: »[It] does not require infrastructure (financial, power, communication)«.[265] Immer noch erweist sich die Rationierungsmarke in Form von Gutscheinen internationaler Organisationen als das Mittel der Wahl, wo es um die strukturschwächsten Regionen und die höheren Intensitäten des Mangels geht. Geld, insbesondere Bargeld, lässt sich ohne militärische und technische Oberhoheit schlechterdings nicht verteilen. In Jordanien allerdings, wo die Mehrheit der Flüchtlinge nicht in Lagern lebt, sondern in städtischen Randgebieten, sind noch weitere Technologien der Kontrolle erstmalig im Einsatz.[266]

Scanning und Zoning: Rationierung als Grenztechnologie und Meldesystem

Die Bezahlung mit der OneCard, die um 2016 in Zaatari zum Einsatz kommt, gleicht einer Kreditkartenzahlung mit PIN. Dies umfasst die bekannten Dysfunktionalitäten: Sie kann verlegt, vergessen, entwendet oder weitergegeben werden. Zudem suchen die Hilfswerke zu verhindern, dass an einem anderen Ort eine zweite Ration angemeldet wird – ein Vergehen, das auch als *resettlement fraud* bezeichnet wird und andeutet, wie nah die Rationierungsmarke am Meldewesen liegt. Um diesen Problemen zu begegnen, wird mit der Biometrik eine neue Technologie eingesetzt, in der nicht der Unternehmer mit seinen Fähigkeiten, sondern die bloße Körperlichkeit als Garantie einsteht: Mitten in den desertifizierten Trockenzonen mit ihren nur notdürftig asphaltierten Wegen sorgen Irisscanner an der Kasse für eine unwirkliche Form des Einkaufs. Firmen wie IrisScan oder 3M liefern die körperbasierten Systeme nach dem Modell EyeGuard AD100®, EyeTrust®, EyeSign® oder EyePay®. Die britische Firma IrisScan, die das World Food Programme für Jordanien belieferte, wird um das Jahr 2015 von UKAID für die Bereitstellung der technischen Infrastruktur der Registrierungszentren bezahlt.

Besonders werbewirksam war der Einkauf einer Dose per Blick im Lager King Abdullah Park durch den namensgebenden Aristokraten.[267] Für den Einkauf der Waren tritt man zur Kasse und blickt in das Lesegerät. Der biometrische Scan wird – vorausgesetzt, die Verbindung ist zuverlässig – an die Datenbank registrierter Hilfsempfänger übermittelt. Wird die Übereinstimmung der Datensätze bestätigt und weist das Konto des betreffenden Empfängers noch Guthaben auf, so erreicht ein Signal die Kasse, der Gegenwert der Waren aus dem Lagersupermarkt wird abgebucht und eine Quittung ausgedruckt.[268] Auch für die Jordanier sind Geldautomaten mit dieser Technologie ausgerüstet, was die Akzeptanz erhöhen mag. Die Berichte über mangelnde Übertragbarkeit der biometrisch belegten Ansprüche, wenn etwa der Hilfsempfänger nicht selbst einkaufen gehen kann, häufen sich. Umgekehrt steht das UNHCR unter einem hohen Rechtfertigungsdruck und hat sich – insbesondere nach schlechten Erfahrungen in Rwanda und dem Kosovo – einer sehr erfolgreichen Verwaltungsreform unterzogen, die nun umgekehrt lautes Nachdenken über zu viel Transparenz und Probleme des *accountability cure* nach sich zieht.[269]

Viele Nutzer der OneCard im Lager Zaatari sind bei ihrer Erstregistrierung in Syrien bereits biometrisch erfasst worden. Diese Tendenz, Geld und Meldewesen zu koppeln, ist aus afrikanischen FinTech-Lösungen bekannt.[270] Zudem strebt das UNHCR nach eigenen Angaben die Ausweitung der Scanning-Technologie seit 2016 an.[271] Katja Lindskov Jacobsen hat darauf hingewiesen, dass diese »Humanitarian Technology« zwar die Produktion von Sicherheit verspricht, Risiken jedoch nicht nur beseitigt, sondern neue erzeugt. Zwar steigert die Datenbank aus Sicht der Geberländer unzweifelhaft die Kontrolle der Migranten. Gerade im Falle der von ihrer Regierung verfolgten syrischen Flüchtlinge dürfte die Idee, einer unbekannten Zentralgewalt sensible Daten wie frühere Militärzugehörigkeit zu übermitteln, aber für begründete Unruhe sorgen.[272] Das Sicherungsparadox besteht darin, dass die Erweiterung der Accounting-Möglichkeiten durch Biometrik neue Risiken für die zu Schützenden schafft. Probleme treten dabei oft in Kontexten auf, die zum Zeitpunkt der Erhebung noch nicht feststanden. So berichtet sie von einem Leck, das Daten an die syrische Regierung übermittelt haben soll.[273] Der Testlauf der biometrischen Datenbank BIMS in Malaysia resultierte in einer offenen Anfrage der Regierung nach der erzeugten Information. Es bleibt abzuwarten, ob die Nutzung der Blockchain-Technologie des Anbieters Ethereum die Privatheit besser zu schützen vermag.

Allerdings sind auch die Probleme mit der unregistrierten Rationierung nicht von der Hand zu weisen: So sind aus dem Honduras der späten 1980er oder dem Zaire der 1990er Jahre Fälle bekannt, in denen Warlords in Lagern Hilfeleistungen bezogen, nur um weiterhin jenseits der Grenzen Gewalt auszuüben.[274]

265 Ebd., S. 58.

266 Arif, Husain/Jean-Martin Bauer/Susanna Sandström (Hg.): »Economic Impact Study: Direct and Indirect Impact of the WFP Food Voucher Programme in Jordan«, in: *WFP working paper* (2014), S. 7, zuletzt aufgerufen 2.7.2016.

267 »WFP Uses Innovative Iris Scan Technology to Provide Food Assistance to Syrian Refugees in Jordan«, in: *Press release WFP*, 16. Februar 2016, zuletzt aufgerufen am 1.3.2016.

268 »WFP's innovative system relies on the UN Refugee Agency's biometric registration data of refugees and works with WFP's Jordanian partners; IrisGuard, the company that developed the iris scan platform, Jordan Ahli Bank and their counterpart Middle East Payment Systems (MEPS).« Ebd.

269 Kristin B. Sandvik/Katja Lindskov Jacobsen: *UNHCR and the Struggle for Accountability. Technology, Law and Results-Based Management*, London 2016.

270 Keith Breckenridge: »The World's First Biometric Money: Ghana's E-Zwich and the Contemporary Influence of South African Biometrics«, in: *Africa. Journal of the International African Institute* 80/4 (2010), S. 642—662; für das derzeit größte biometrische Registrierungsprojekt in Indien vgl. Ursula Rao/Graham Greenleaf: »Subverting ID from above and below: The uncertain shaping of India's new instrument of e-governance«, in: *Surveillance & Society* 11(3)/2013, S. 287—300.

271 »WFP is looking to expand the use of its new iris scan payment system for refugees living in all Syrian refugee camps in Jordan during the coming months. Depending on the success of the system in the camps, WFP may also expand the use of this technology in areas outside of the camps.« Charlie Dunmore: »Iris scan system provides cash lifeline to Syrian refugees in Jordan«, in: *News Stories Amman (Jordan)*, 23.3.2015.

272 Katja Lindskov Jacobsen: *The Politics of Humanitarian Technology: Good Intentions, Unintended Consequences and Insecurity*, London 2015.

273 »There have already been cases of biometric data from Syrian refugees leaking to Syrian authorities with obvious implications for the prospect of safe return for those individuals.« Ebd., S. 77.

274 Ebd., S. 7.

Die für die Rationierung typische personalisierte Verwaltung produziert sensible Daten, die in Immigrationsumgebungen neue Risiken schaffen. Sie können weiterverkauft werden oder in die Hände rassistischer Regime gelangen, die den Abgleich mit Terrorismusdatenbanken vorgeben.[275] Lindskov Jacobsen versteht den Einsatz der biometrischen Technologie in den Katastrophengebieten als Laboratorium neuer Governance-Methoden. Die biometrische Technologie wurde vom UNHCR (wie auch von anderen Hilfsorganisationen) bereits in anderen Regionen erprobt: 2002 im Grenzgebiet zwischen Pakistan und Afghanistan, 2007 in Kenia und kürzlich im Zusammenhang mit Vertriebenen aus Mali.[276]

Abb. 37

Abb. 38

Insgesamt gilt, dass die Vorteile für die Geberländer mit Risiken der Flüchtlinge vor Ort bezahlt werden. Für die Industriegesellschaften entsteht ein weiterer Effekt durch diese »Humanitarian Technology«: Diese versieht die technisch mögliche, lückenlose Verwaltung der personalisierten Bezahlung mit einem positiven Vorzeichen, da Hilfsorganisationen mit hoher gesellschaftlicher Reputation die Einführung durchführen. Die Lager dienen der Produktion von Erfolgsgeschichten für körperbasierte Identifikationstechnologie.[277]

Die digital gestützte Rationierung löst so das geradezu klassische Problem der Nationalstaaten in der Adressierung und Kontrolle nomadischer Bevölkerungen. Zoning und Lokalisierung sind die entscheidenden Effekte. Durch die technische Innovation des Cash-Transfers wird die an Grenzen übliche Kontrolle ins Land hinein erweiterbar. Die OneCard, die zudem ungewöhnlich breite Anwendungsbereiche bis hin zu Bildung und Gesundheit umfasst, weist einen lokalen Mobilitätsradius zu, dient aber letztlich der ortsunabhängigen Identifizierung und Bindung an eine Region. Trotz der unausgesetzten Betonung der befreienden Wirkung des neuerdings transferierten Geldes: In der Rationierungspraxis kann nichts darüber hinwegtäuschen, dass niemals Bargeld, sondern immer nur geografisch und administrativ vollständig rückgebundenes und überwachbares digitales Geld überwiesen wird. Die Rationierungsmarke steht so in einem Spannungsfeld von Mobilität und Fixierung. Sie bindet Personen an dirigierten und gläsernen Konsum in Mangelregionen, nötigt zur Bildung lokaler Ökonomien. Zu Verwaltungsgeldern macht sie schließlich, dass sie zur Anmeldung in Registern eines internationalen Niemandslandes zwingt. Personen können so außerhalb der Staats-, Wirtschafts- und Rechtssysteme gehalten werden, die sie de facto zu bewohnen scheinen. Dieses parastaatliche Meldesystem kann durch die sich ankündigende Nutzung der Blockchain-Technologie, die die ID-2020-Allianz betreibt, sowohl verschärft als auch abgemildert werden. Alles hängt davon ab, wie dezentral und sicher die Wallets aufgesetzt sind oder ob sie doch einer Datenbank mit zentralem Zugriff gleichen. Houman Haddad koordiniert für das WFP die adaptierte und private Form der Ethereum-Blockchain, die in den Flüchtlingscamps 2017 zum Einsatz kommt und die für eine fiktive Person namens Bassam folgende Vorteile hat:

»Haddad imagines Bassam one day walking out of Zaatari with a so-called digital wallet, filled with his camp transaction history, his government ID, and access to financial accounts, all linked through a blockchain-based identity system. With such a wallet, when Bassam left the camp he could much more easily enter the world economy. He would have a place for an employer to deposit his pay, for a mainstream bank to see his credit history, and for a border or immigration agent to check his identity, which would be attested to by the UN, the Jordanian government, and possibly even his neighbors.«[278]

Versorgungstechniken und Mobiltelefonie: »Airtime« und SMS-basierte Rationierung

Die Rationierungstechniken, die als Transfermedien nicht die Kreditkarte verwenden, sondern das Mobiltelefon, haben eine ganz andere Vorgeschichte und sind in andere Gebrauchsformen eingelassen. Wo das WFP beginnt, Werte und Anrechte über SMS zu übermitteln, die ebenfalls in bestimmten Läden zur Bezahlung eingesetzt werden, setzt es an bestehenden Verhaltensroutinen an. Die Mobiltelefone sind in erster Linie auf eine Person-to-Person-Kommunikation ausgelegt und werden erst in zweiter Instanz zu Informationsnetzwerken der Innenministerien. Konflikte zwischen internationalen, privaten und nationalen Agenturen um die Information sind absehbar. Flankiert wird der Einsatz in Jordanien beispielsweise durch Spenden-Apps, die sich über Anwendungen wie ShareTheMeal[279] in eine relativ dichte technische Sozialbeziehung zu einem einzelnen Geflüchteten setzen können: Jedes Mal, wenn ein Essensfoto in sozialen Medien geteilt wird, ermöglicht diese App über einen Klick die Spende einer Mahlzeit an Bedürftige.

Besonders viel Aufmerksamkeit haben jedoch mobile Gelder gefunden, die durch eigenmächtige Umfunktionierung von Telefondienstleistungen entstanden sind. Airtime wurde dabei zu einer Art Geschenk- und Geldökonomie

275 Ebd., S. 4.
276 Ebd., S. 74.
277 Ebd., S. 77.
278 Russ Juskalian: »Connectivity Inside the Jordan refugee camp that runs on blockchain«, in: *The MIT Technology review*, May/June 2018, zuletzt aufgerufen am 25.7.2018.
279 »12. November, WFP launched ›ShareTheMeal‹: a smartphone application through which donations can be made to WFP's school feeding programme for Syrian refugees in Jordan. Over 250,000 users have so far shared over 1 million school meals for the operation.« Presseerklärung WFP vom 29.2.2016, zuletzt aufgerufen 10.4.2017.

durch die Nutzer selbst entwickelt. Bei den Systemen kommt ein Gutteil durch »Workarounds«[280] zustande. Insbesondere M-PESA in Kenia gilt als Vorreiter und prominentestes Beispiel einer finanzialisierten Kommunikationsstruktur, die sich durch die Nutzer, letztlich jedoch nicht ohne das technische Nachziehen der Firmen und Behörden zu einem lukrativen Geschäft entwickelt.[281] M-PESA war zunächst ein einfaches Angebot einer Firma an Einzelpersonen für mobile Prepaid-Telefonie. Um Gesprächsminuten freizuschalten, wurde auf Papierkarten beispielsweise an Kiosken ein Zahlencode erworben. Sobald der Code in das eigene Telefon eingetippt war, konnte für eine festgesetzte Zeit telefoniert werden. Wird der Code jedoch per SMS verschickt, ohne ihn selbst zu nutzen, ergibt sich eine effektive Möglichkeit, Gesprächszeit an (weit entferne) Bekannte zu übermitteln. Der Empfänger kann zudem wählen, ob der Code eingegeben und in Gesprächsguthaben umgewandelt wird, ob er für eine Weile gespart wird oder über spezielle Verkäufer gegen eine kleine Gebühr wieder in Bargeld getauscht wird.

Die Bedeutung dieses sehr erfolgreichen Systems erschließt sich vor allem in Regionen, in denen Zugang zu Banken schwierig ist, wodurch Überweisungen unmöglich sind oder kostenintensive Kurierdienste erfordern. Bemerkenswert ist die Verwendung des Zahlencodes nicht nur für Transferzwecke, sondern auch zur Ansammlung und Aufspeicherung von Wert.[282] In diesem Gebrauch wird die Airtime zu einem Finanzinstrument, das wesentlich eingeschränkter als Geld funktioniert. Bill Maurer beobachtet in dieser Umgebung der Mobiltelefonie eine Währung, die unter der Hand im Prozess entsteht: »confound[ing] the analytical separation of top and bottom, producer and consumer, person and commodity, Airtime can be a commodity in one instance, an actualised, technologically mediated relationship in another (through talk and text) and a method of payment, means of exchange and store of value in a third moment (when used as an alternative currency). It can continuously pass into and out of each of these moments – it is unstable, and reversible.«[283]

Die Versendung von Kreditminuten nutzt ein technisches System im Rahmen von Bekanntschaftsnetzwerken um. Das Mobiltelefon wird in den Händen der Nutzer zu einer monetären Infrastruktur, die vom Netzwerk garantierte Werte austauschbar macht.

Maurer lässt keinen Zweifel daran, dass auf internationaler Ebene erhebliche Anstrengungen unternommen werden, auf diesem Weg mobiler Währung mehr und mehr Menschen Zugang zum Bank- und Bezahlungssystem zu verschaffen – oder sie vielmehr unumkehrbar einzubinden. Er nennt internationale Vertreter der Netzwerk-Anbieter, Finanzinstitutionen und Entwicklungsprogramme, deren erklärtes Ziel die *financial inclusion* derjenigen Teile der Weltbevölkerung ist, die bisher keinen Zugang zur voll entwickelten Bankensphäre haben. Afrika kommt eine Vorreiterrolle zu, wie es ohnedies von der Wirtschaftsethnologin Jane Guyer als multimonetäres Gebiet beschrieben wird, in dem der Transfer verschiedener symbolischer und industrieller Ökonomien die Regel, nicht die Ausnahme ist.[284]

Technisch aber auch auf der Akteursebene liegt der Airtime das Prinzip des *shared access* zugrunde.[285] Dieses ermöglicht marktförmigen Kauf, aber es führt aus seiner Entstehungszeit noch die Elemente der informellen Ökonomie mit, die das Telefonsystem in einem Prozess der Appropriation zu einem Finanzdienstleister für Geschenkökonomien macht. Ähnlich wie im Fall der patacones beschrieben, kommt es zu nützlichen Auswilderungen.

Evaluiert man die Vorgänge anhand der drei Tauschkategorien Karl Polanyis, der als substantivistischer Wirtschaftsethnologe die Ökonomie als ernährende und erhaltende Institution entwarf, so finden sich erstaunlicherweise alle drei Modelle in den Werttransfers der Mobiltelefone verschaltet: Neben dem marktförmigen Tausch ist dies zweitens der reziproke, gabenförmige Tausch, den Polanyi als Handel zwischen zwei Bekannten nach naturalwirtschaftlichen oder gabenökonomischen Prinzipien modelliert. Die Summen können in diesem Modus ungenau werden, und der Zeitrahmen der gestifteten Beziehungen ist länger angesetzt als beim Geld, das instantane Interaktion ermöglicht, ohne weitere Verbindlichkeiten zu stiften. Drittens übernehmen die Hilfsorganisationen das bestehende Netz, um ihrerseits redistributive Maßnahmen durchzuführen.

Der von Mary Douglas angestellte Vergleich der Rationierungsmarke mit den ökonomischen Institutionen nichtindustrialisierter Gesellschaften klingt hier durchaus an.[286] Dies gilt allerdings nicht als »Primitivismus«, sondern als derjenige Spielraum, der entsteht, wenn die Tauschmedien eine größere Nähe zu spezifischen Stoffen halten und entlang anderer sozialer Strukturen organisiert werden. Beides gilt für die frühen Umnutzungen von M-PESA sowie für die geldähnlichen Symbolsysteme nichtmonetärer Gesellschaften. Spätestens mit der Nutzung der Telefonwährungen für Rationierungsprogramme im humanitären Sektor zeichnet sich auch Polanyis dritter Tauschtypus deutlich ab: die Redistribution, die Material einzieht und über ein Zentrum wieder verteilt. Wie in den Kapiteln dieses Bandes deutlich geworden ist, ist für diesen zentralistischen Modus die Spannung von Versorgung und Ausbeutung eigen. Viele Agenturen des humanitären Sektors leisten die Redistribution bemerkenswerterweise über die Grenzen der Nationen hinweg.

Es liegt auf der Hand, dass sich die Soziotechniken des Telefongeldes vorteilhaft in die Katastrophenhilfe integrieren lassen. Vielerorts werden Warnungen an alle Bürger verschickt. Überall dort, wo das Mobiltelefonnetz zuverlässig ist, können Lebensmittel- und Wertgutscheine per SMS verschickt werden.

280 Holger Brohm/Sebastian Gießmann/Gabriele Schabacher/Sandra Schramke (Hg.): Workarounds, *ilinx — Berliner Beiträge zur Kulturwissenschaft* 4 (2017).

281 Weitere Anbieter mobiltelefonbasierter Bankservices sind GlobeG Cash auf den Philippinen, Eko in Indien und Wizzit in Südafrika.

282 Richard Duncombe/Richard Boateng: »Mobile phones and financial services in developing countries: a review of concepts, methods, issues, evidence and future research directions«, in: *Development Informatics Working Paper Series*, Manchester 2009, zuletzt aufgerufen am 13.4.2017.

283 Maurer, Mobile Money, S. 591.

284 Jane Guyer: *Marginal Gains. Monetary Transactions in Atlantic Africa*, Chicago 2004.

285 Jenna Burrell: »Evaluating shared access: social equality and the circulation of mobile phones in rural Uganda«, in: *Journal of Computer-Mediated Communication*, 15/2 (2010), S. 230—250.

286 Mary Douglas: »Primitive Rationing. A Study in Controlled Exchange«, in: Raymond Firth (Hg.): *Themes in Economic Anthropology*, London 1967, S. 119—146.

Zumindest dann, wenn zuvor die von Kreditkarte wie Rationierung bekannte Registrierung teilnehmender Geschäfte stattgefunden hat und diese mit den entsprechenden Technologien ausgestattet wurden, die SMS zu lesen, abzubuchen und zu verwalten. Zudem sollten die Stromnetze stabil sein, Offline-Modalitäten ermöglicht werden, die Teilnehmer die richtigen Geräte haben usw.

Diese auf Mobiltelefonen beruhenden Systeme haben so gut wie immer eine weit größere Reichweite als Banken samt ihren Kreditkarten und sie entwickeln sich über den normalen Handel. Humanitäre Akteure allerdings knüpfen an die Airtime-Systeme an. Entscheidende Impulse erhielt die Technologie der Airtime anfangs durch solidarische, unterstützende, familiäre oder gönnerhafte Zuwendungen und damit im Kontext der Versorgung. Der Rohstoff des Informationszeitalters erweist sich als vielgestaltig: Die Kommunikation zwischen zwei Personen kann aus der privaten Sphäre der Familie den weiteren Zahlungsverkehr erobern. Reziproke Verhältnisse gehen über in redistributive. Für die Rationierungsmarke ist der Tausch in Airtime demnach ein vertrautes Setting, denn die Rationierungsmarke muss als ein Medium der Reproduktion und Sicherung der Vitalität eingestuft werden – gleichgültig ob in digitaler, elektronischer, telefonischer oder papierner Fassung.

Wie in den Imperien des Papiers, die Joseph Roth aus der Verwaltung auf die Bevölkerung übergreifen sah, baut sich auch in digitalen Formaten die bürokratische Rückseite der Rationierung mit auf. Die Rationierung erhält zwei womöglich gespenstisch zu nennende Aspekte. Sie entfernt sich vom Versuch, die Verteilungsgerechtigkeit über die stoffliche Metrik herzustellen, und bewegt sich in Richtung Finanzialisierung, was im Lichte der Rationierungsgeschichte einer doppelten Virtualisierung gleichkommt: hin zu unsicheren Werten und hin zu nurmehr digital oder elektronisch notierten Guthaben. Neben dieser Tendenz ist zweitens der unsichtbare Apparat der digitalen Bürokratie mit seiner schwer kontrollierbaren Daten-Cloud zu benennen. Gelingt der Datenabgleich, haben alle Empfänger ausreichend Strom und die entsprechenden PIN-Nummern parat, kooperieren die Einzelhändler, ist der Telefonnetzbetreiber verlässlich, dann ist der Rationierungszentrale eine Überprüfung der tatsächlichen Lieferungen, der Kaufpräferenzen und Bedürfnisse derjenigen Personenkreise möglich, die als bedürftig eingestuft werden. Das ist nicht nur für die Einwerbung weiterer Gelder wertvoll, sondern vor allem auch vor dem Hintergrund der langen Korruptionsgeschichte in anderen Rationierungsmodi, in denen die Stoffe oftmals nicht dort ankamen, wohin sie dirigiert worden waren. Parallel entsteht zumindest potenziell eine neue Form der Überwachung sowie fast en passant eine Lösung des Problems, vor das sich Staaten gestellt sahen, die migrantische und nomadische Bevölkerungsgruppen adressieren und bürokratisch erfassen wollten.

Im paranumismatischen Vergleich, der von den Objekten und Tauschmedien der Rationierung seinen Ausgang nimmt, zeigt sich eine Abkehr sowohl von der unkonditionalen Gabe als auch von der Zumessung zu gleichen Teilen. Zu verzeichnen ist eine Entmaterialisierung des *in kind rationing*, über die Stadien des *value* oder *point rationing*, das die Elemente der Auswahl und des Verdienstes nach Leistung wieder einführt. Dies gibt die Richtung vor, die die

OneCard und die Airtime-Systeme einschlagen. Rationierung ist immer weniger Gegenmodell zu Geldwerten und Preissystemen. Sie verliert die enge Bindung zu Stoffen, die zunächst noch jede Marke konkret repräsentierte. Im Zuge dieser Entwicklungen zu Cash-Transfers kommt es immer häufiger zur Forderung bestimmter Gegenleistungen und der Multiplikation der Abhängigkeiten: sogenannter Conditional Cash Transfers. Vor dem Hintergrund der Mikrofinanzwirtschaft erhärtet sich die These, dass die politische Parallelwährung der Rationierungsmarke durch Akzentverschiebungen zunehmend zu einem ökonomischen Katalysator umgebaut wird, der die finanzielle Inklusion beschleunigen soll, so aber auch neue Märkte und Kunden erschließt.[287] Die allzu oft angezweifelte und eingeklagte Egalität der Verteilung wird durch die unterschiedlichen überwiesenen Summen für spezifische Zielgruppen weniger angreifbar. Durch die Zeichnung des Geflüchteten als Unternehmer und die Verteilung von Geldwerten rückt die Befriedigung der Bedürfnisse nach eigenem Urteil und der klassischen ökonomischen Theorie des Begehrens wieder in greifbare Nähe. Dabei war der Glaube an diese beiden Kategorien womöglich von Anfang an ein Missverständnis der Rationierung, wie ein früher Verwaltungspraktiker aus den Vereinigten Staaten, Alexander J. Philip, bemerkt. Die Grundlage der Messung hätte von jeher weder die Egalität noch das Begehren, sondern das vitale Bedürfnis der unterschiedlichen Körper zu sein:

»It has been stated frequently, and as a matter of common belief, that the most successful scheme of rationing is that which most nearly approximates to an equal division of the foodstuffs, or other material available, amongst the people entitled to participate. This is a stupendous error ... Curiously enough, however, every country instituting a scheme of rationing appears to have fallen into the same error ... The true system of rationing is the apportionment of the available supplies in equal proportion according to the needs – not, it must be emphasized, the desires – of the people rationed. A successful scheme of rationing on this basis presents innumerable problems. Not only does every human organism present different conditions, but the same organism presents different conditions under varying circumstances. In a perfect system of rationing, not only must the occupations of the persons rationed be taken into consideration, but also the weights of their bodies.«[288]

287 Philipp Lepenies: *Marktentwicklung durch Voucher? Eine institutionen-ökonomische Analyse des ›Microenterprise Training Voucher Scheme‹ in Paraguay*, Frankfurt a.M. 2002.

288 Alexander J. Philip: *Rations, Rationing, and Food Control*, London 1918.

Hendrik Blumentrath

ist wissenschaftlicher Mitarbeiter am Institut für deutsche Literatur, Humboldt-Universität zu Berlin. Studium der Germanistik, Anglistik und Kulturwissenschaften in Münster. 2004 bis 2007 Mitglied des Graduiertenkollegs »Codierung von Gewalt im medialen Wandel«, Humboldt-Universität zu Berlin sowie anschließend des Graduiertenkollegs »Mediale Historiographien« der Universitäten Weimar, Erfurt und Jena. 2008 bis 2010 wissenschaftlicher Mitarbeiter am Lehrstuhl für Kulturtheorie und kulturwissenschaftliche Methoden im Fachbereich Literaturwissenschaft der Universität Konstanz. Arbeitsschwerpunkte: Literatur- und Mediengeschichte ästhetischer Formgebung, insbesondere von Rhythmus und Maß; Literatur und das politische Imaginäre; Konzepte und Figuren der Feindschaft; Literatur als/und Kulturtechnik, Literatur und Zeichenpraktiken. Aktuelles Forschungsprojekt: »Nemesis. Eine Poetologie des Maßes«.

Publikationen: *Friedlose Figuren. Zur Feindschaftsgeschichte des Terroristen*, Paderborn, München 2014; gem. mit Michael Neumann, Claudia Röser und Anja Schwarz (Hg.): Schwerpunkt »Rhythmus und Moderne«, *Zeitschrift für Kulturphilosophie* 7,1 (2013); gem. mit Katja Rothe, Sven Werkmeister und Michaela Wünsch (Hg.): *Techniken der Übereinkunft. Zur Medialität des Politischen*, Berlin 2009.

Anna Echterhölter

ist Professorin für Wissenschaftsgeschichte an der Universität Wien. Studium der Kulturwissenschaft und deutschen Literaturwissenschaft an der Humboldt-Universität und der Freien Universität Berlin. Gründungsmitglied und Mitarbeit im Redaktionskreis von *ilinx*. Promotion auf der Schnittstelle von Wissenschaftsgeschichte und Literaturwissenschaft zum Thema »Epistemische Werte in Nachrufen auf Naturwissenschaftler 1711–1860« (2009). 2009 bis 2015 wissenschaftliche Mitarbeiterin am Institut für Kulturwissenschaft. Aufenthalt am Max-Planck-Institut für Wissenschaftsgeschichte 2007 und 2015, Fellow am German Historical Institute Washington 2016. Gastprofessorin für Technikgeschichte an der Technischen Universität Berlin (2017). Habilitation zum Thema »Infrastrukturen der Asymmetrie. Zum ökonomischen Handwerk des Messens«.

Publikationen: *Schattengefechte. Genealogische Praktiken in Nachrufen auf Naturwissenschaftler 1711–1860*, Göttingen 2012; *ilinx* 1, *ilinx* 3; »Im Zweistromland der Geldentstehungstheorie. Neutralität und quantifizierte Schuld bei Karl Polanyi und David Graeber«, in: Thomas Macho (Hg.): *Bonds. Schuld, Schulden und andere Verbindlichkeiten*, München 2014, S. 343–366; »Data, Diplomacy, and Liberalism: August Ferdinand Lueder's Critique of German Descriptive Statistics (c. 1810)«, in: *GHI Bulletin* 59/2016, S. 83–103.

Frederike Felcht

ist Juniorprofessorin für Skandinavistik am Institut für Skandinavistik der Johann Wolfgang Goethe-Universität Frankfurt. Nach dem Studium der Kulturwissenschaft, Skandinavistik und Philosophie an der Humboldt-Universität zu Berlin Promotion an der Universität Mannheim im Graduiertenkolleg »Formations of the Global«. Anschließend wissenschaftliche Mitarbeiterin an der Greifswalder Nordistik, Lehrkraft für besondere Aufgaben in der Berliner Kulturwissenschaft, Research Fellow am Institut für Nordische Philologie der Ludwig-Maximilians-Universität München. Gastforschungsaufenthalte in Dänemark und Norwegen; Affiliate des Rachel Carson Center for Environment and Society in München. Forschungsthemen: Hunger in Literatur und Geschichte, Knappheit und Umwelt, Theorie und Geschichte der Globalisierung, Theorie und Geschichte der Dinglichkeit, skandinavische Literatur der Neuzeit.

Publikationen: *Grenzüberschreitende Geschichten. H.C. Andersens Texte aus globaler Perspektive* (Beiträge zur nordischen Philologie), Basel, Tübingen 2013; »Abschied vom Hunger. Vilhelm Mobergs Auswanderer-Romane als Geschichte Schwedens«, in: Elisabeth Hollerweger/Anna Stemmann (Hg.): *Kulturelle Dimensionen von Ernährung*, Siegen 2015, S. 245–255; gem. mit Katie Ritson (Hg.): *The Imagination of Limits: Exploring Scarcity and Abundance, RCC Perspectives* 2015/2; »Wider die Sattheit. Elmer Diktonius' Poesie des Hungers«, in: *Nebulosa. Figuren des Sozialen*, Nr. 8/2015: Hunger, hg. v. Eva Holling/Matthias Naumann/Frank Schlöffel, S. 57–69; »Hunger als literarisches Experiment«, in: *Aus Politik und Zeitgeschichte* 65. Jg., 49/2015, S. 28–34; gem. mit Thomas Fechner-Smarsly (Hg.): Themenschwerpunkt *Biopolitik*, *Nordeuropaforum* 2016.

Karin Harrasser

ist Professorin für Kulturwissenschaft an der Kunstuniversität Linz. Nach einem Studium der Geschichte und der Germanistik promovierte sie mit einer Arbeit über »Computerhystorien« an der Universität Wien. Neben ihren wissenschaftlichen Tätigkeiten an der Humboldt-Universität und an der Kunsthochschule für Medien Köln war sie an verschiedenen künstlerisch/kuratorischen Projekten beteiligt, z. B. nGbK Berlin, Kampnagel Hamburg. Zusammen mit Elisabeth Timm gibt sie die *Zeitschrift für Kulturwissenschaften* heraus. Vertretung der Professur Techniktheorie und -geschichte an der HBK Braunschweig und Gastprofessur an der Universidad Javeriana, Bogotá. Forschungsthemen: Selbstregulierung in der Prothetik des Ersten Weltkriegs, Politische Körper, Science Fiction sowie Prozesse der Verzeitlichung, Geschlecht und *agency*, Codierung der Gewalt.

Publikationen: gem. mit Lars Friedrich, Daniel Tyradellis und Joseph Vogl (Hg.): *Figuren der Gewalt*, Zürich, Berlin 2014; *Körper 2.0. Über die technische Erweiterbarkeit des Menschen*, Bielefeld 2013; »Sensible Prothesen. Medien der Wiederherstellung von Produktivität«, in: *Body Politics* 1/1 (2013), S. 99–117; *Computerhystorien. Erzählungen der digitalen Kulturen um 1985*, Dissertation, Universität Wien 2005.

Abb. 1 The Paul Dyck Plains Indian Buffalo Culture Collection, NA.704.1-23.
Abb. 2 Commons License.
Abb. 3 Lycée Gustave Flaubert: De la mémoire aux mémoires – Schulprojekt zu Kriegsdenkmälern aus Westfrankreich, blog.ac-rouen.fr.
Abb. 4 Antrag Ration Book 3, Martha A. Teichmann, Wong Mian, Sammlung Frauennachlässe am Institut für Geschichte der Universität Wien, SFN NL 67.
Abb. 5 Museums Victoria Collections/ Australien, ST 30704.
Abb. 6 Tessera aus Triest, Ricci Fiedler (geb. Ratzenbeck) (1883–1966), Sammlung Frauennachlässe am Institut für Geschichte der Universität Wien, SFN NL 260.
Abb. 7 Ration Book 3, Martha A. Teichmann, Wong Mian, Sammlung Frauennachlässe am Institut für Geschichte der Universität Wien, SFN NL 67.
Abb. 8 »Vorwärts« – Lebensmittelgutschein über 10 Millionen Mark, Dresden 1923.
Abb. 9 Digital Repository: Ration Coupons on the Home Front, 1942–1945, Duke University Library.
Abb. 10 (a–c) Digital Repository: Ration Coupons on the Home Front, 1942–1945, Duke University Library.
Abb. 11 Tessera Marmellata, Triest, Ricci Fiedler (geb. Ratzenbeck) (1883–1966), Sammlung Frauennachlässe am Institut für Geschichte der Universität Wien, SFN NL 260.
Abb. 12 Familienblog: boobookbacktracks.blogspot.com, Eintrag vom 4. Oktober 2014.
Abb. 13 Commons License.
Abb. 14 Lycée Gustave Flaubert: De la mémoire aux mémoires – Schulprojekt zu Kriegsdenkmälern aus Westfrankreich, blog.ac-rouen.fr.
Abb. 15 Rationierungsmarke, Rosa Klein, Sammlung Frauennachlässe am Institut für Geschichte der Universität Wien, SFN NL 182.
Abb. 16 Rationierungsmarke, Rosa Klein, Sammlung Frauennachlässe am Institut für Geschichte der Universität Wien, SFN NL 182.
Abb. 17 Cupon Response International, Ricci Fiedler (geb. Ratzenbeck), Sammlung Frauennachlässe am Institut für Geschichte der Universität Wien, SFN NL 260.
Abb. 18 Lycée Gustave Flaubert: De la mémoire aux mémoires – Schulprojekt zu Kriegsdenkmälern aus Westfrankreich, blog.ac-rouen.fr.
Abb. 19 Digital Repository: Ration Coupons on the Home Front, 1942–1945, Duke University Library.
Abb. 20 Carte d'Alimentation, Claude Jean Blanchard, nithart.com.
Abb. 21 Museums Victoria Collections/ Australien, ST 30704.
Abb. 22 Public Domain.
Abb. 23 Rationierungsmarke, Helene Viktoria Maria Jochim (geb. Patzner), Sammlung Frauennachlässe am Institut für Geschichte der Universität Wien, SFN NL 243 I.
Abb. 24 Walter Müller: Kriegsweihnachten im Ersten Weltkrieg in Halle und dem Saalkreis. In: *Sachsen-Anhalt-Journal* 4/2017.
Abb. 25 Zuckerausweis, Steiermark, Ricci Fiedler (geb. Ratzenbeck), Sammlung Frauennachlässe am Institut für Geschichte der Universität Wien, SFN NL 260.

Abb. 26 Rationierungsmarke, Rosa Klein, Sammlung Frauennachlässe am Institut für Geschichte der Universität Wien, SFN NL 182.

Abb. 27 Rationierungsmappe, USA, Martha A. Teichmann, Wong Mian, Sammlung Frauennachlässe am Institut für Geschichte der Universität Wien, SFN NL 67.

Abb. 28 Tessera, Triest, Ricci Fiedler (geb. Ratzenbeck), Sammlung Frauennachlässe am Institut für Geschichte der Universität Wien, SFN NL 260.

Abb. 29 The Northern Ireland War Memorial Museum, Belfast.

Abb. 30 Markenbuch der Gemeinschaftsverpflegung (Carnet de ravitaillement), nithart.com.

Abb. 31 Bezirksregierung von Buenos Aires.

Abb. 32 Nationalgericht, Commons License.

Abb. 33 Archivabteilung Hillerød Købstadskommune, Brændselsforsyningsudvalget, Archivserie Forhandlingsprotokol mm., Rigsarkivet, Dänemark, Creative Commons License.

Abb. 34 Archivabteilung Hillerød Købstadskommune, Brændselsforsyningsudvalget, Archivserie Forhandlingsprotokol mm., Rigsarkivet, Dänemark, Creative Commons License.

Abb. 35 Foto: Leslie Young/Global News/UNHCR.

Abb. 36 Foto: World Food Programme.

Abb. 37 Foto: Mohammad Batah/WFP.

Abb. 38 Foto: Russ Juskalian/Writer, Photographer, Journalist.

Cover Schweizerisches Sozialarchiv / Billedsamlingen. Historisk Kronologisk Samling, Danmark, 8° (1920) / Mohammad Batah / WFP

Hendrik Blumentrath, Anna Echterhölter, Frederike Felcht, Karin Harrasser

Jenseits des Geldes.
Aporien der Rationierung

ilinx.kollaborationen 2

Reihengestaltungskonzept:
Florian Lamm, Helmut Völter
www.lamm-kirch.com
Gestaltung, Lithographie:
Florian Lamm, Marcus Wachter,
www.lamm-kirch.com
Lektorat: Jan-Frederik Bandel
Bildrecherche: Anna Echterhölter
Druck: PögeDruck, Leipzig
Verarbeitung: Mönch OHG, Leipzig

Erschienen im Verlag Spector Books
Harkortstraße 10, 04107 Leipzig
www.spectorbooks.com

Vertrieb:
Deutschland, Österreich:
GVA, Gemeinsame Verlagsauslieferung
Göttingen GmbH & Co. KG,
www.gva-verlage.de
Schweiz :
AVA Verlagsauslieferung AG,
www.ava.ch
Frankreich, Belgien:
Interart Paris, www.interart.fr
Großbritannien:
Central Books Ltd, www.centralbooks.com

Erste Auflage
ISBN 978-3-95905-210-8

Die Deutsche Nationalbibliothek verzeichnet diese Publikation in der Deutschen Nationalbibliografie; detaillierte bibliografische Daten sind im Internet über http://dnb.d-nb.de abrufbar.

Die Idee zu diesem Buchprojekt ist aus einer von der Fritz Thyssen Stiftung geförderten Tagung hervorgegangen. Der Druck wurde großzügig durch die Fritz Thyssen Stiftung unterstützt.